MW01037641

Si pudieras hablar con un Ángel

GERRY GAVIN

Si pudieras hablar con un Ángel

Respuestas angélicas a tus preguntas sobre la vida,
tus objetivos, el amor y mucho más...

edaf

www.edaf.net

MADRID - MÉXICO - BUENOS AIRES - SAN JUAN - SANTIAGO

2016

A Reid Tracy.
¡Gracias infinitas por animarme
a darle voz a Margaret!

ÍNDICE

INTRODUCCIÓN

La trayectoria que me ha llevado a publicar libros ha resultado ser una experiencia realmente sorprendente. Y la propia gestación de este libro es buena prueba de ello. Estuve pensando durante bastante tiempo en el modo de desarrollar la propuesta que me habían planteado para la realización de mi segunda obra, intentando que abarcara las dos áreas que tengo la suerte de conocer mejor y dentro de las cuales he venido trabajando día tras día: el chamanismo y la comunicación con los ángeles. Sin embargo, quién sabe por qué, las ideas no discurrían con fluidez en mi mente y me resultaba realmente difícil desarrollar apenas un simple esbozo de lo que podrían ser los capítulos que conformaran el libro. Sintiéndome profundamente frustrado, tuve que recurrir a mi ángel, Margaret, para que me prestara ayuda.

En este caso no utilizo la palabra *ángel* en sentido figurado, para intentar expresar que Margaret es una persona maravillosa: se trata de un ángel real. He tenido el privilegio de canalizar el contacto con ella y de poder mantenerlo durante casi 25 años. Es para mí una suerte de «amiga por correspondencia celestial», que me ofrece orientación personal, al tiempo que me permite asumir una determinada percepción del mundo. La historia completa de nuestro encuentro halla reflejo en mi primer libro, *Messages from Margaret (Mensajes de Margaret)* *, cuyo primer capítulo puede descargarse

---

* A lo largo de todo el libro, los títulos de las obras en inglés que aún no se han traducido al español se consignarán con una traducción entre paréntesis de su título a modo de referencia.

de forma gratuita de mi página *web*, www.gerrygavin.com. Después de tantos años comunicando sorprendentes y edificantes mensajes de Margaret a personas de todo el mundo y de comprobar las increíbles repercusiones que han tenido en sus vidas, sentí que ella era exactamente lo que necesitaba para superar el bloqueo que me atenazaba ante la perspectiva de escribir el libro.

Margaret enseguida me indicó que el motivo por el que tenía problemas a este respecto era que estaba intentando crear algo distinto de lo que en realidad mi alma deseaba escribir. Fue entonces cuando me preguntó si podía ella proponer una nueva estructuración del libro y enviársela ella misma a Reid Tracy, director general de Hay House, la editorial de mi primer libro en Estados Unidos.

Aunque evidentemente se trataba de una solicitud verdaderamente inusual, Reid era quien había tomado la decisión de darme una oportunidad al publicar mi primera obra. Asimismo, el propio Reid me había instado a «ponerle voz» a Margaret, lo que había dado lugar a que ella, a través de mí, hablara en directo cada semana a oyentes de todo el mundo en HayHouseRadio.com. En consecuencia, cuando le dije que tenía para él una carta personal y una propuesta editorial de un ángel, no se sorprendió ni por un momento.

Margaret preguntó: ¿qué sucedería si pudieras sentarte en casa con un ángel y tuvieras la oportunidad de formularle cualquier pregunta sobre la vida a la que quisieras dar respuesta? ¿Qué le preguntarías a un ser angélico que tiene la capacidad de percibir la «visión global» de las cosas? Ella misma fue la que propuso el título *Si pudieras hablar con un Ángel* y quien planteó la posibilidad de que el contenido del mismo estuviera constituido por sus respuestas a las más acuciantes preguntas que se ha planteado el ser humano, enviadas por personas de todo el mundo.

A Reid le encantó la idea, pero quiso también ir un paso más allá. Consideraba que, si conseguíamos ponernos en contacto con algunos de los escritores más destacados en el ámbito del Nuevo Pensamiento, aquellos

En el caso de las obras que sí cuentan con versión española publicada, se especificará de manera expresa el hecho de que existe una edición en español de las mismas.

que se mantienen en primera línea en lo que respecta a todas las cuestiones relativas a mente, cuerpo y espíritu, ellos podrían aportar nueva luz sobre aspectos de alcance aún mayor. De modo que eso es precisamente lo que puede encontrarse en estas páginas, ya que veinte de los más prestigiosos autores de este campo se apresuraron a sumarse al proyecto de la manera más entusiasta y marcaron la pauta de lo que determinaría en última instancia una extraordinaria mejora de la calidad y del valor de las preguntas formuladas. Para acceder a más información sobre los acreditados autores que han contribuido a mejorar el contenido de la obra con sus preguntas y cuyos nombres aparecen consignados en negrita en el texto, pueden consultarse las reseñas biográficas de cada uno de ellos incluidas al final del libro.

Cientos y cientos de personas respondieron a nuestra solicitud de preguntas. Nos complació comprobar que procedían de países de los cinco continentes y de gentes dedicadas a las más diversas profesiones y ocupaciones. Recibimos preguntas formuladas por un médico forense, un neurocirujano, por sanadores energéticos, por profesores, por una actriz de cine para adultos, por músicos, por madres de familia y por personas de los más variopintos sectores y actividades. Margaret y yo afrontamos la ardua tarea de seleccionar las preguntas a las que dar respuesta. Todas ellas resultaban como mínimo sorprendentes. Algunas de las correspondientes respuestas eran de carácter tan personal que decidimos cursarlas mediante comunicación directa en vez de en estas páginas. Otras preferimos contestarlas a través del programa de radio *online Messages from Margaret (Mensajes de Margaret)*, en mi *blog* o mediante mensajes de Facebook. Finalmente, tras varias semanas de análisis y deliberaciones Margaret y yo conseguimos limitar a 33 las preguntas que se incluirían, junto con las de los 20 autores a los que antes hacía referencia. Confío en que todas ellas resulten representativas de los interrogantes más apremiantes en la vida del ser humano y espero que, entre las correspondientes respuestas, se encuentren aquellas que preocupan a cada lector. Si no es así, los lectores de este libro pueden plantear sus propias preguntas a través de mi página *web* o de mi página de Facebook, en facebook.com/messagesfrommargaret.

Todos los capítulos que se exponen a continuación corresponden a palabras textuales de Margaret, canalizadas a través de mí. En ellos pueden encontrarse fascinantes y originales percepciones sobre numerosas cuestiones que nunca antes había comprendido realmente. Una de las mayores capacidades de Margaret es su facilidad para explicar conceptos complejos de un modo «apegado a la tierra», que hace que súbitamente nos sintamos más lúcidos de lo que nos hemos sentido nunca y notemos que hemos «recordado» algo real y cierto. Algunas de sus explicaciones son tan sencillas que nos sorprenderemos por no haberlas intuido antes. Otros aspectos los expone en secuencias progresivas, también de fácil comprensión. Aun así, es posible que algunas de las exposiciones sean consideradas controvertidas. En cualquier caso, todas ellas resultan profundamente reveladoras.

Es evidente que la realización de este libro no habría sido posible sin las preguntas remitidas por estos maravillosos autores y por los demás participantes en la gestación de la obra. En lo personal, me sentí vivamente impresionado por la sinceridad y la vulnerabilidad que podían percibirse en las propias preguntas y en las historias personales a ellas asociadas. Este libro permite entrever de un modo fascinante lo parecidos que somos todos. Ya seamos autores o lectores, todos somos a nuestra manera profesores y estudiantes y somos, asimismo, afortunados de tenernos unos a otros como compañeros de viaje.

Con la gratitud y el amor más profundos,
Gerry Gavin

TODO ACERCA DEL UNIVERSO

La energía, los ángeles y tú

> *«Mientras permanecéis aquí, en vuestra existencia terrenal…, es difícil para vosotros imaginar la energía enorme que es vuestra alma».*

¡Hola, mis amados seres queridos, bienvenidos! Estoy encantada de tener la ocasión de hablaros y espero responder a vuestras preguntas más acuciantes sobre la vida de un modo que pueda ayudaros de la mejor manera posible a disfrutar de ella.

Nunca insistiré lo suficiente en lo importante que son vuestras preguntas. Todo cuanto rodea a una persona, todas las ideas, las preferencias, teorías y creencias que tiene en un momento dado, comienzan con una pregunta que alguien le formuló alguna vez. Las preguntas son el centro del proceso creativo; no solo hacen que el ser humano profundice más en las cosas, sino que, además, generan energía a través de la cual se manifiestan las soluciones a esas preocupaciones.

Quiero expresar mi agradecimiento a todas las personas que me formularon las preguntas que con el tiempo han hecho posible la creación de este libro. Gracias, lectores y radioyentes de todo el mundo. Es posible que no lo sepáis, pero las preguntas que me planteáis todos los días son en realidad la manifestación y la expresión de las propias soluciones a esas cuestiones, y una de esas manifestaciones es este libro que ahora estáis leyendo.

También deseo expresar mi más sincera gratitud a los numerosos escritores, profesores y sanadores que han depositado en mí su confianza. Me formulasteis preguntas profundas y a la vez útiles, y muchos de vosotros compartisteis también conmigo anécdotas muy personales relativas a vuestras experiencias angélicas. ¡Espero que las respuestas incluidas en esta obra hagan que podáis llevar vuestro trabajo a los más altos niveles de éxito y de servicio a los demás.

Juntos habéis realizado una magnífica labor en la que se abordan muchos de los mayores misterios de la vida, que afloran a menudo, tanto en las conversaciones que mantengo con vosotros, a través de Gerry, como en las preguntas que a menudo os hacéis a vosotros mismos.

Una de las preguntas más frecuentes tiene que ver con la naturaleza de vuestra verdadera existencia, y quiero comenzar este libro con un sentido relato y una pregunta formulada por *Carina Rubin, coach de tarot*, ángeles y manifestaciones angélicas de Ciudad de México, planteada en los siguientes términos:

Cuando era una adolescente, no creía absolutamente en nada. Pensaba que la gente nacía, vivía y moría, y que ahí se acababa todo. Fue una etapa muy oscura de mi vida, porque en aquellos años me sentía por completo incapaz de darle una razón de ser a mi existencia, por lo que puede decirse que no sentía ningún objetivo por el que mereciera la pena vivir. No dejaba de preguntarme a mí misma: «¿cuál es el propósito de la vida?». Finalmente, el universo empezó a mostrarme que hay infinidad de aspectos que trascienden la existencia física. Hoy sé que esta vida es una parte minúscula de la experiencia integral del alma y que un alma es, a su vez, una porción minúscula del universo entero. De modo que ahora la pregunta que me planteaba inicialmente ha expandido su dimensión: «¿Cuál es el propósito de la experiencia del alma y cuál es el propósito de la existencia del universo?».

Esta pregunta ha estado presente en la mente de hombres y mujeres a lo largo de siglos y siglos. Para responderla, os pediría que imaginarais por un momento que vuestra esencia, la verdadera esencia más íntima de lo que sois, está a tan solo dos pasos del Creador de todas las cosas en el proceso de creación. ¡Porque, de hecho, así es!

En el inicio, solo estaba el Creador, y el Creador era un ser de amor y luz perfectos. El Creador deseaba expandir esa luz y ese amor, y compartirlos, pero para expandir algo es necesario que exista una energía que fluya en sentido contrario, que se oponga a la expansión. Por consiguiente, para expandir la luz, el Creador tenía que crear la oscuridad. La energía del Creador se concentró en una bola de luz tan densa y poderosa que hizo explosión. Al hacerlo, se generaron la materia «luminosa» o visible y los espacios presentes entre la luz, a los que acabaría por designarse como materia oscura. Este acontecimiento ha recibido un nombre y una definición determinados en el ámbito de la ciencia: se trata del *big bang*.

Inmediatamente después de la creación de la materia oscura, comenzó a gestarse la existencia de los seres de energía que conocemos como *ángeles*. Se hallaban muy próximos al Creador y en conexión con su esencia, pero al mismo tiempo eran seres independientes, y de ellos formaban parte tanto la luz como la oscuridad. Los propios ángeles expandieron su energía y, al unísono con el Creador, formaron otra categoría de seres de energía, que son lo que conocemos como *almas*. Sí, ¡eso es lo que vosotros sois! El Creador quedó entonces interconectado —y obviamente, sigue estándolo— con la energía de todas las cosas generadas a partir de ese *big bang* primigenio. Su consciencia reconoce todos los aspectos de la creación e interactúa con ellos, desde las más complejas galaxias del universo hasta las más diminutas estructuras microbianas. Y cualquier otra cosa en el universo, cualquier otra materia conocida o no conocida aún por el ser humano, tiene su origen en estas tres formas de energía que operan de manera sincronizada y al unísono.

Desde su gestación, la expansión del universo depende total y completamente de vosotros. En el momento de vuestra creación se os dio a elegir entre seguir siendo seres de pura luz, de existir en un estado de dicha total y de amor y armonía, o aprender sobre la naturaleza de todas aquellas cosas que no proceden de vuestra misma energía. Al colocar el Creador vuestra energía en contenedores de materia física densa, los ángeles y vosotros podríais experimentar lo que es *ser* la creación. Además, podríais luego utilizar esas formas para crear *nueva vida*, que crecería y aprendería y también enseñaría a las otras formas habitadas por vosotros. Estas formas físicas tendrían, además, la capacidad llamada de *pensamiento*, que dota de la facultad de nombrar y manipular las partículas de energía y, en consecuencia, de actuar sobre la creación de materia. De este modo, haríais posible que todas las cosas del universo se expandieran y evolucionaran hacia nuevas formas de vida.

Se os concedió la posibilidad de elegir entre vivir para siempre en un estado de dicha y gozo total en la energía del amor en expansión del Creador, o bien experimentar el espectro completo de las percepciones de todas las cosas que habían sido creadas. Esta última opción podía suponer dolor, tristeza y soledad, el desconocimiento de quiénes erais realmente, e incluso la muerte física. Pero también os proporcionaría experiencias de amor, felicidad y belleza en todas sus posibles formas de expansión. Como almas, aceptasteis este apasionante reto para permitir que continuara la increíble y constante expansión del universo.

En resumidas cuentas, el propósito de la experiencia del alma y el propósito del universo son en realidad una misma cosa: el universo se halla en constante expansión por acción de la energía que vosotros, en vuestra condición de almas, invertís en todas las formas de materia física. Como almas, colocáis pequeñas piezas de vosotros mismos, que son vuestra *consciencia*, en contenedores físicos que os permiten experimentar el espectro completo de la creación, la oscuridad y la luz. Al actuar de esta manera, el número de posibilidades se amplía hasta un grado infinito asociándose, a su vez, esa ampliación a la propia expansión del universo.

En verdad eso es algo que nosotros los ángeles admiramos de vosotros como almas. Cuando fuimos creados, se nos concedió el dominio sobre la creación de la oscuridad y la luz y sobre todas las potencialidades de esas mismas creaciones. Pero vosotros fuisteis creados solo de luz y se os dio la posibilidad de elegir lo que os gustaría experimentar. La historia bíblica de Adán y Eva, tan cargada de simbolismo, alude a la génesis del camino de las almas. Ellos fueron creados (y vosotros) en la dicha total y después se les dio a elegir entre permanecer en ese estado o tomar el fruto del «árbol de la sabiduría». Ese árbol simbólico os brindaría la posibilidad de conocer todo cuanto había sido creado, pero, una vez elegido el fruto de aquel árbol, no habría ya posibilidad de volver atrás.

Por ello, mis amados seres queridos, tomasteis la decisión de ser conscientes de la existencia de todos los tipos de energía a través de las diferentes formas físicas que esas energías pueden asumir. Mientras permanecéis aquí, en vuestra existencia terrenal, sé que es difícil para vosotros imaginar la energía enorme que es vuestra alma. Así que muchos de vosotros veis vuestra propia alma como un ser espiritual separado que entra en vuestro cuerpo, sufre a lo largo de la vida, muere y puede seguir sufriendo después de la muerte en función de cuáles hayan sido sus actos y sus experiencias en el curso de la vida terrena. A este respecto, *Marilyn Enness*, maestra de enseñanza primaria jubilada, de Stanton, Michigan, parece haber entendido que el alma es algo más que eso. Marilyn plantea la siguiente interrogante:

> *En el ámbito físico experimentamos continuamente muchos deseos y muchas añoranzas. ¿Sentimos también esos deseos en el ámbito espiritual? ¿Anhelamos tal vez venir a la Tierra?*

Es verdad que muchas de las cosas que se desean en el reino de lo físico tienen sus raíces en el reino del alma. Pero cuando os encontráis en este reino, en vuestra forma de alma en toda su plenitud, la energía del amor lo envuelve todo y la respuesta a un deseo es instantánea. En ese estado se tiene la capacidad de crear y de identificarse con cualquier experiencia que se desee tener, como si se tratara de una película en la que fuera posible no solo ver, sino también sentir, todas las emociones y maravillosas sensaciones que esa película pueda inspirar. Imaginad el sistema más sofisticado de realidad virtual que fuera posible desarrollar sobre la Tierra, multiplicad ese potencial por un millón y el resultado no se aproximará ni por lo más remoto a la magnitud de la dicha que se percibe en el estado de alma.

En la condición de alma pura, se atesora una cantidad ingente de energía en continua expansión, energía que muchas veces se designa como *yo superior*. El alma de cada uno de vosotros es la esencia de vuestra consciencia, que es la energía que alimenta vuestro cuerpo físico. El yo superior de cada uno de vosotros existe separado de la forma humana, aunque conectado a ella, y puede percibirse en todo momento en cualquiera de las distintas etapas de la vida. Es como si vuestra alma fuera ese genial director de cine capaz de proyectar parte de sí mismo (de su consciencia individual) en los más diversos papeles/encarnaciones. La información de estas experiencias es compartida con vuestras almas amigas, para determinar qué tipos de futuras reencarnaciones físicas y experiencias os gustaría crear juntas. Podría decirse que observáis el reino de lo físico desde la cabina de control, pero sois capaces de interactuar con otras almas, con los ángeles y con el Creador, porque la energía de vuestro yo superior es intensa y esa intensidad hace que se adquiera conciencia de que, en todo momento y lugar, es posible acceder a la alegría y el gozo.

Es importante tener en cuenta, no obstante, que experimentar y acumular la comprensión de la alegría y la tristeza y, en última instancia, del amor y del temor en el plano físico, es lo que permite crear puro gozo y la más completa dicha en el plano del alma. Cuanto mejor se conozca la percepción contraria a la alegría, más profunda será la dicha como experiencia cuando se sienta en uno mismo.

Muchos de vosotros han convenido en llamar «cielo» o «paraíso» a ese lugar en el que reside el alma, entre el nacimiento y la muerte de una encarnación física. En muchos relatos el paraíso aparece descrito como un lugar o un estado en el que no existe ningún tipo de preocupaciones, ni conflictos, hambre, prejuicios o angustia por disponer de dinero; simplemente los seres que lo frecuentan se aman los unos a los otros. Este planteamiento resulta muy acertado en lo que respecta a la existencia como yo superior mientras que, como seres físicos, recibís continuamente impactos energéticos vinculados a lo que en realidad sois como almas. De hecho, parte de vuestro trayecto en la esfera física consiste precisamente en tratar de establecer contacto o, con mayor propiedad, de volver a conectar con vuestro verdadero estado de alma. Muchas veces encontráis ayuda en otros que también están buscando y os unís en grupos espirituales para tratar de comprender los problemas de la vida y la naturaleza de la vida después de la muerte.

Una de las cosas que más curiosidad suscita en muchas personas —que son capaces de percibir nuestra presencia constante— es la existencia de los ángeles. De hecho, en numerosas encuestas de reconocido prestigio, más del 70 por ciento de las personas entrevistadas en diferentes regiones de Estados Unidos afirmaron que creían en los ángeles, mientras que más del 50 por ciento indicaron que habían tenido algún tipo de «experiencia angélica».

Mona Lisa Schulz, M.D., Ph.D., profesional de la medicina intuitiva, autora, entre otras obras, de *The Intuitive Advisor (El consejero intuitivo)* y coautora junto con Louise Hay de *All Is Well*, publicado en español con el título *Todo está bien*, es maestra en el arte de combinar las explicaciones de los ámbitos científico y energético. Con suma elocuencia, planteó en los siguientes términos la pregunta de cómo diferentes religiones comparten estas creencias:

El mundo está lleno de religiones distintas, cada cual con sus propias creencias y su propio punto de vista sobre lo que son los ángeles, dónde viven y cómo se comunican con nosotros. ¿Cómo se entiende esto? ¿Cómo podemos conciliarlo? ¿Tienes un modo de explicar la existencia de los ángeles que sea aplicable a cualquier religión y espiritualidad?

Un hilo común a todas las religiones del mundo es la creencia en la existencia de los ángeles. Somos el rasgo compartido en un mundo de diferencias y en casi todas las religiones actuamos como mensajeros del Creador.

En *Messages from Margaret (Mensajes de Margaret)* hablé sobre el origen de las religiones. Al principio de los días el ser humano debió aferrarse a cualquier imagen de un dios que pareciera responder a sus anhelos de poder y abundancia. Una tribu no tenía ya que ser físicamente fuerte o numerosa si podía demostrar que contaba con un dios que les había ayudado a crecer hasta alguna pretendida forma de grandeza. Y cuando una deidad creada por los hombres les defraudaba, instituían otra.

Fue en ese momento cuando el Creador envió ángeles para actuar en la que es nuestra función, es decir, como mensajeros. Hicimos aparición en gran parte de las principales naciones del mundo con el propósito expreso de revelar el mensaje de que todos los seres humanos son amados por igual y son por igual merecedores de grandeza a los ojos del Creador. En cada caso encontramos magníficos mensajeros humanos, que podían comprender y transmitir estos mensajes a sus pueblos y que serían conocidos como profetas. En determinadas ocasiones serían los propios ángeles los que se comunicaran con las diferentes tribus y los distintos pueblos, para mostrarles que este mensaje iba dirigido a todos. Hablamos en todas las lenguas y en todos los dialectos. Honramos todas las culturas en sus aspectos diferenciales, de modo que no encontramos resistencia. En todos los casos el mensaje era el de amarse los unos a los otros, todos por igual.

Cada religión y cada cultura tenía una palabra distinta para referirse a nosotros, pero en todas se hacía alusión a nuestra figura como mensajeros de lo divino. El ángel Gabriel descendió para anunciar el nacimiento de Jesús y se le apareció a Mahoma para ayudarle a crear el Corán. El ángel Miguel es considerado protector del pueblo de Israel. El ángel Moroni llevó a Joseph Smith hasta las tablas de oro, que se convertirían en el Libro de Mormón. Somos la «antesala al Cielo» del bahaísmo y los *fravashi* del zoroastrismo. Los hindúes hablan de la presencia de *devas*, mientras que los antiguos griegos hablaban de *aggelos*, «mensajeros», de donde procede el término *ángel*. Y los romanos nos llamaban *genii*, con el significado de «ángeles guardianes».

Aunque dimos a conocer nuestra presencia a todas las religiones y culturas, de algún modo, sin embargo, cada pueblo proclamó que su religión o su gente era la preferida y la elegida. Al aparecer, en todas las culturas, nuestro propósito era mostrar que el Creador amaba por igual a toda su creación. Fueron los líderes humanos de los diferentes grupos y religiones incipientes los que crearon el dogma para diferenciar su fe de las demás. Trataron de controlar a quienes podían hablar con los ángeles, afirmando que solo los profetas originales o ciertas personas santas unánimemente reconocidas eran capaces de hacer tal cosa.

Nuestro mensaje ha sido constante e implacable, en tanto que proviene directamente del Creador. Y ese mensaje es ¡amaos! Del mismo modo que amas a tu familia, debes también amar a la familia del hombre. Del mismo modo que amas a tu hijo o a tu hija, has de saber que otras personas en otras culturas aman a sus hijos y a sus hijas. Del mismo modo que amas a tu madre y a tu padre, has de saber que otros hacen lo mismo, en todo el mundo. Del mismo modo que amas el hecho de reír y de sentirte alegre, a otros les ocurre lo mismo en otras culturas en todo el mundo. Y al igual que tú crees en la existencia de los ángeles, otros también creen, y todos vosotros tenéis ángeles guardianes, muchos de los cuales son los mismos en las más diversas y alejadas culturas. En muchos casos, cabe la posibilidad de que os hayáis encarnado en una vida simultánea y en una cultura por la que, en este momento, no albergáis ningún sentimiento especial de amor.

Y nosotros los ángeles hablamos, una vez más, a través de gente corriente, del pueblo llano que comparte la condición de receptor de un mismo mensaje universal: ¡Amaos los unos a los otros!

Más allá de su función de meros mensajeros del Creador, los ángeles han sido imaginados por el ser humano con las más diversas representaciones, a veces con apariencia protectora y benéfica, otras con aspecto destructivo y amenazador, y han sido reproducidos artísticamente bajo una amplia diversidad de formas. Junto a tan heterogéneas imágenes, se han propuesto muy distintas teorías sobre la naturaleza exacta de un ángel. Parece que existe bastante confusión entre los ángeles y otras formas espirituales. En este sentido, **Anita Moorjani**, mundialmente reconocida como conferenciante y experta en comunicación y motivación, y autora de *Dying to Be Me, bestseller* incluido en las listas de obras más vendidas del *New York Times* y publicado en español con el título *Morir para ser yo,* plantea la siguiente pregunta:

> *Yo me siento en todo momento guiada, sobre todo después de haber tenido una experiencia cercana a la muerte. La mayor parte de las veces puedo identificar esta especie de guía como procedente de alguno de mis seres queridos fallecidos. Margaret, ¿dirías que ángeles y seres queridos fallecidos son lo mismo? En otras palabras, ¿se han convertido mis seres queridos en ángeles al abandonar la vida terrena?*

Te agradezco muchísimo esta pregunta, Anita, puesto que verdaderamente este es uno de los conceptos peor comprendidos cuando se trata de abordar nuestras diferentes formas de energía. Durante siglos la humanidad ha vivido al margen del conocimiento de la naturaleza de los ángeles, los guías espirituales y los antepasados. Espero que esta respuesta sirva para esclarecer la naturaleza de estas energías espirituales y el modo en el que interactuamos entre nosotros y con aquellos de vosotros que actualmente estáis encarnados en una forma física.

Son muchas las personas que piensan que los ángeles fueron alguna vez seres físicos, seres humanos que llevaron una vida bondadosa, finalizada la cual simplemente murieron. Los ángeles tienen la capacidad de proyectar la ilusión de una forma física, pero no somos, ni hemos sido nunca, seres físicos. Cuando se nos ve bajo una forma física, podría afirmarse que la percepción corresponde a algo así como un holograma, una proyección de energía que manipula la luz y las sombras para que el ser humano intuya una forma física. Nosotros somos una forma de energía totalmente diferente de la de los antepasados que han vuelto atrás, que han recuperado su condición de almas. Sin embargo, estos antepasados pueden ayudar a quienes han dejado atrás, y en general así lo hacen. De modo, Anita, que, cuando sientes una energía que percibes como muy similar a la de alguien con quien has compartido un tiempo en tu vida, en verdad estás sintiendo la influencia de su energía, de una energía que ha recobrado su estado de yo superior.

Algunas almas aprenden a operar más allá de las ilusiones de su condición física y, con menor frecuencia, deciden encarnarse, o mantenerse en el estado de yo superior y orientar su objetivo, su razón de ser, a ayudar a las almas encarnadas. Esas almas han alcanzado un nivel avanzado de conocimiento y concentración, y se centran en la emanación de amor, compasión y comprensión. Para hacer referencia a estas almas se las designa como *guías espirituales* o *santos*. En la esfera de lo físico los guías espirituales fueron a menudo llamados profetas y se consideraba que mantenían una conexión directa con el Creador y el reino angélico, recibiendo y transmitiendo mensajes destinados a ayudar a la humanidad. Su capacidad para acceder a su propio yo superior, aun manteniendo la forma humana, supone que, en ocasiones, puedan *ver* más allá de los límites del espacio y del tiempo y, por esta razón, se les han reconocido en ocasiones como formuladores de profecías.

Los antepasados son todas las demás almas, las que dejaron atrás su forma física y volvieron a su condición de yo superior. En este plano los ancestros ayudan a otras almas en el reino físico, de todos los modos posibles. No obstante, Anita, has de tener en cuenta un hecho importante que tenemos en común todos, ángeles, guías y antepasados: *no podemos interferir en tu libre albedrío y no podemos prestarte ayuda si no la has pedido o no nos la ha pedido alguien en tu nombre.* Solo podemos intervenir cuando existe una petición de ayuda desde el amor, la compasión y la comprensión.

Aunque los tres niveles de energía espiritual (el Creador, los ángeles y, a continuación, las almas) vibran cada uno con una frecuencia distinta, es muy importante entender que el hecho de que algo vibre con una frecuencia *superior* no significa que sea algo mejor o más evolucionado. Los ángeles no se consideran mejores que las almas y el Creador no se considera a sí mismo (o a sí misma) en modo alguno más importante que las almas o que los ángeles. Hacerlo sería como pensar que una pierna es mejor que un brazo, que el cerebro es mejor que la piel. Cada parte del cuerpo tiene su importancia y funciona de modo completamente coordinado con el resto. Pensar que una parte es más importante que las demás comporta el establecimiento de un juicio de valor, y es importante tener en cuenta que en el plano espiritual no existen los juicios de valor. Lo único que existe es la experiencia, y toda experiencia es percibida por el yo superior de cada persona de un modo lleno de amor, comprensión y gratitud.

El experto en comunicación y crecimiento personal **Noah St. John** se sorprendió enormemente un día al recibir un mensaje de Facebook de Gerry en el que este le decía que tenía admiradores no solo terrenales, ¡sino también angélicos! Contaba Gerry que las enseñanzas de Noah parecían inspiradas por los ángeles y que, como él, los ángeles también consideraban las preguntas que una persona se hace a sí misma como la clave de las experiencias que esa misma persona genera.

Este libro es el resultado de las preguntas formuladas a un ángel por la gente, mientras que en su libro, de gran éxito de ventas *Afformations®: The Miracle of Positive Self-Talk (AFORMACIONES®: el milagro del pensamiento afirmativo positivo)*. Noah explora el concepto de las preguntas internas y externas de la persona. El autor juega con la palabra *afirmación*, que es una declaración positiva sobre aquello que la persona desea en la vida; por el contrario, una *aformación* es una pregunta. Es una manera de replantear un problema como una pregunta aún por responder, siempre que se formulen solo preguntas *fortalecedoras* y potenciadoras de las capacidades de la persona.

Por ejemplo, cuando se está pasando por un periodo de dificultades económicas, es posible que la mente esté inundada de preguntas que no hacen más que restar fuerza, del tipo: «¿cómo me he metido en este lío?» o «¿por qué queda siempre más mes que dinero?». Frases negativas como estas llevan a tu cerebro a encontrar respuestas negativas, porque así funciona el órgano que rige el pensamiento. Las «aformaciones» constituyen una muy buena herramienta para elevar las vibraciones y cambiar el nivel de energía. Si se formulan preguntas que supongan un aporte fortalecedor, como «¿por qué me resulta tan fácil conseguir más dinero?», el cerebro emprende una búsqueda para probar por qué es realmente sencillo, y evoca y hace brotar la energía de éxitos pasados. En el espacio de radio *Messages from Margaret* (*Mensajes de Margaret*) aconsejo a menudo a las personas que llaman por teléfono que cambien en este sentido su mentalidad.

Noah es un hombre con los pies en la tierra, que siempre está intentando comprender el funcionamiento interno de las cosas. Como no podía ser de otro modo, la pregunta que planteó fue tan profunda como simple. Se limitó a preguntarme:

¿Cómo es ser un ángel?

Creo que muchos seres humanos deben ver el trabajo de los ángeles como algo casi tedioso: recorrer el planeta y que la gente te pida que les ayudes en todo, desde resolver graves problemas de salud hasta encontrar sitio para aparcar (nos entusiasma hacerlo). En verdad, creo que nuestra vida es apasionante, porque tenemos la oportunidad de ayudar al Creador y a todas las almas del universo en un principio tan sencillo como es el de *estar siempre creando*.

Tenemos la capacidad de crear con el pensamiento y de ayudar así al Creador y a las almas a generar el marco estructural sobre el que se asienta toda la creación.

Nosotros no necesitamos descansar; de modo que se podría decir que estamos de servicio, durante 24 horas y 7 días a la semana. Sin embargo, nuestros días no están acotados por los límites que imponen el espacio y el tiempo; estos elementos son en realidad creaciones físicas. Como extensión del Creador, cada ángel tiene una serie de aptitudes peculiares que forman parte de la consciencia del Creador, como cualquier ser encarnado en el mundo físico. Nosotros ayudamos a las almas a utilizar nuestras habilidades para conseguir la expansión de la luz, del amor, de la compasión y de la comprensión en todo el universo.

Los ángeles son básicamente los *ingenieros* del universo del pensamiento. Creamos marcos energéticos a partir de los pensamientos de las personas, así como a partir de los pensamientos del Creador. Cuando las almas desean manifestar algo en la realidad física, nosotros nos encargamos de crear el marco energético que permitirá que ese pensamiento se haga físico.

El Creador actúa desde un punto de vista más elevado; nos pide a nosotros que creemos el marco que permita que el amor, la compasión, la comprensión y el conocimiento hallen nuevas vías para ser comunicados e imbuidos a todas las criaturas en todo el universo en un lenguaje de energía que todos entiendan. A veces somos capaces de crear esa estructura de forma casi inmediata; en otras ocasiones han de pasar *años* (recordad que nuestra esfera trasciende el espacio y el tiempo) antes de que la realidad de esta estructura de pensamiento sea aceptada por la humanidad. En el caso de cuestiones sociales, como los derechos civiles de las minorías o la igualdad de género, las almas pueden tardar generaciones en aceptar el marco energético que nosotros diseñamos. Ello es debido a que el ser humano siempre es libre de aceptar o rechazar el marco de actuación que se le ha propuesto. En ocasiones la aceptación requiere la evolución completa de una especie. Sin embargo, si se trata de abordar la expansión del amor, de la paz, de la comprensión y de la dicha ¡seguiremos reimaginando y reconfigurando ese marco! Es precisamente ese uno de nuestros retos permanentes.

Soy uno de esos ángeles cuyas habilidades se manifiestan de manera más patente en el ámbito de la comunicación y, por ello, me alegro francamente de estar aquí con vosotros. Espero que mis respuestas a vuestras preguntas aumenten vuestro nivel de paz, amor, compasión y comprensión, así como vuestro grado de conocimiento de vuestros semejantes. De hecho, el género masculino o femenino que vosotros percibís en los ángeles se basa en la vibración que supone nuestra dedicación o especialidad. Por ejemplo, a mí se me percibe como mujer comunicadora y al ángel Miguel como varón protector, debido a que esas son las vibraciones más idóneas que cada uno de nosotros manifestamos para sacar adelante la energía de los cometidos que desarrollamos con la finalidad de prestaros asistencia. En realidad, no tenemos un sexo concreto, sino que poseemos la energía de ambos, al igual que os sucede a vosotros cuando os encontráis en vuestra condición de almas.

Los ángeles son seres de amor completo y compasión y comprensión plenas, incluso en el caso de que sean ángeles de la materia oscura, en tanto en cuanto toda la energía de la materia oscura está ahí para servir como apoyo a la energía de la luz y para crear una base que sirva como referente a efectos de comparación. El hecho de pensar que un ángel de la oscuridad es un ser demoniaco resulta radicalmente erróneo. La energía de la materia oscura es a menudo exactamente lo contrario de la experiencia de la materia luminosa, lo cual genera, en esencia, lo que algunos, partiendo de premisas arraigadas en las culturas orientales, han dado en llamar el *yin* y en *yang* de la vida. Muchas personas descubren la energía de su luz explorando primero su ser sombrío, o experimentando lo que se a veces se ha calificado como *la noche oscura del alma*. Ángeles diferentes desarrollan su creación a partir de la luz y de la oscuridad, de modo que, cuando las experiencias os hagan sentir lejos de la luz, ello se debe solamente al hecho de que habéis *elegido* experimentar algo de ese modo, aunque la motivación última sea encontrar la luz al final del proceso.

A nuestros ojos, vosotros, en vuestro estado de almas, resultáis increíbles; estamos enamorados de vuestro coraje al adoptar esas formas de vida, al navegar y crecer a través de experiencias fundamentadas en la vida y la oscuridad, experimentando amnesia durante un tiempo, que a veces puede ser una vida entera, en lo que respecta a quiénes sois realmente, en lo más profundo de vosotros mismos. De modo que nos llena de alegría hacer algo que nos pedís, ya sea ayudaros a realizar una tarea o cooperar a la hora de recordar la esencia de vuestro ser.

En tanto que ángeles, vivimos una existencia plenamente dichosa. No experimentamos nunca el dolor del desacuerdo ni establecemos juicios de valor para determinar que unas cosas son mejores que otras, de modo que percibimos todo desde un plano de perfección. Interactuamos con los demás, con vuestros yos superiores y con el Creador, y trabajamos al unísono y sin interrupción para contribuir a la expansión del universo.

Imaginad la felicidad que experimentaríais como seres humanos si nunca tuvierais que sentir preocupación alguna por las facturas o por la salud: ¡te gusta tu trabajo y todo el mundo te quiere, y tú, a tu vez, amas de modo incondicional a los demás! Imaginad que cada día fuera siempre mejor que el anterior. Existe una maravillosa línea en el guion de la película *Apolo 13* sobre el frustrado viaje a la luna de esa misión: «¡El fracaso no es una opción!». Imaginad que esa frase fuera el lema de vuestra vida todos y cada uno de los días que vivís; pues así es para nosotros los ángeles, e igualmente lo es para vosotros en vuestro estado de alma.

Básicamente en eso consiste ser un ángel: en no conocer otra cosa que no sea el éxito, la dicha, el gozo y el amor incondicionales. En definitiva, no se trata de una mala forma de existencia. O como tú te preguntarías, Noah, ¿por qué es tan fácil ser un ángel?

Partiendo de la base de que ya hemos hablado de lo que hacemos en nuestra *vida cotidiana* como ángeles, resulta oportuno abordar la pregunta propuesta por *Mandy Morrissey*, profesional de Recursos Humanos de Minneapolis, Minnesota, quien deseaba disponer de más información sobre detalles concretos a este respecto. Esta era su pregunta:

Comprendo que el tiempo no sea lineal para los ángeles, pero ¿cómo pasan el tiempo cuando no están con nosotros? ¿Tienen aficiones, mascotas y familia, o simplemente pasan el tiempo los unos con los otros? ¿«Nacen» ángeles nuevos?

A los ángeles nos gusta compartir las experiencias de las almas. Hay quien diría que vivimos de forma indirecta, en cierta manera a través de vosotros. Todas vuestras experiencias se elevan para incorporarse a un alma colectiva, que puede asimilarse a la conciencia colectiva del conjunto de vuestros yos superiores. Todos los ángeles estamos interconectados con esas almas y ello nos permite participar de las sensaciones energéticas que crean las diferentes experiencias del alma.

Como seres constituidos de energía, generamos tonos a partir de nuestras vibraciones, que pueden escucharse como música o percibirse como una *voz* celestial. En ocasiones de dice que los ángeles cantan las alabanzas del Creador. A lo que se hace realmente referencia con ello es a la hermosa frecuencia tonal de nuestra vibración y al modo en el que esta armoniza con la vibración del Creador. Vosotros, por vuestra parte, expresáis vibraciones internas similares en los tonos y la música que creáis, tanto con vuestras voces humanas como con los instrumentos que habéis inventado.

Nosotros no tenemos mascotas en lo que vosotros llamáis *cielo;* sin embargo, interactuamos constantemente con la energía de los animales. Tampoco tenemos familia, con el mismo significado que dais vosotros a la palabra. Nuestros *niños,* si se quiere, seríais vosotros mismos en vuestra condición de almas, en la medida en que hemos intervenido en vuestra creación.

Todo cuanto existe fue creado en el momento del *big bang*, de manera que no hay ángeles nuevos de los que hablar. Sin embargo, hay veces en las que alcanzamos cierto grado de crecimiento energético y de complejidad y nuestra energía se divide y se separa en más de una forma energética. Para explicarlo, me gustaría recurrir al ejemplo de un árbol. En lugar de expandir su energía creciendo más y más hacia el cielo, este árbol deja caer a su alrededor bellotas, que contienen la esencia del árbol. Esas bellotas están interconectadas con la consciencia original de su hacedor y permiten que el árbol expanda su energía por medio de una forma que es como su ser original. Si se desentierra el árbol brotado de esta bellota y se trasplanta a otro lugar, pasa a formar parte integrante de nuevos entornos y nuevas experiencias, aun manteniendo su esencia y siendo una extensión del árbol original del que procede.

Como vosotros, también nosotros estamos siempre buscando el modo de expandir nuestra energía. Cuando expandís vuestra energía a través de entramados creados por nosotros los ángeles, ¡nuestra energía también se expande! Es algo que, en una comparación algo peculiar, podría asimilarse al mercado de valores: cuando una acción sube hasta cierto nivel, se divide en participaciones que son menores y más asequibles, de modo que la gente pueda beneficiarse de su potencial de crecimiento y de la subsiguiente dicha. En el estado de alma se hace en realidad algo parecido.

Parte de mi trabajo con Gerry consiste en ayudaros a todos a ver y entender que, a diferencia de lo que la mayoría de vosotros habéis aprendido sobre la vida, ¡esa vida no tiene por qué ser dura!. Con mayor frecuencia de lo que sería conveniente, el ser humano percibe la vida como una serie ininterrumpida de retos u obstáculos que tiene que superar, de modo que, cuanto más difíciles son los obstáculos a los que se enfrenta, más arduas espera que sean las adversidades que se le presenten en el futuro.

Entre otros, el mensaje que deseo transmitir, tanto en este libro como, por distintos cauces, a través de mi interrelación con Gerry, es que, si la persona se replantea su modo de pensar, empezará a ver que el mundo conspira en realidad en su favor. Para ilustrar esta idea, me gustaría referir algo que surgió en una sesión psíquica con una joven que destacaba como figura en la práctica multidisciplinar del atletismo en su universidad. En aquellos momentos la prueba que más dificultades le planteaba era el salto de pértiga; concretamente era capaz de saltar los 2,6 metros, pero parecía que no podía superar la marca siguiente: 2,75 metros. No había podido batir ese registro en años y ello estaba afectando a su estatus en el equipo.

Le señalé que, dado que superar los 2,75 metros le parecían una hazaña imposible, ese no debía ser su objetivo. Le pedí que se pusiera de pie y levantara la pierna izquierda 15 centímetros del suelo. Lo hizo, y cuando le pregunté si le había resultado difícil, ella respondió: «¡No, era muy fácil!». Entonces le dije que debía dejar de pensar en tratar de saltar con la pértiga los 2,75 metros; en lugar de ello, debía recordar lo fácil que era levantar un pie y pensar en que solo tenía que saltar 15 centímetros más de lo que siempre saltaba! Se puede conseguir mucho simplemente recontextualizando los pensamientos y, a veces, solicitando una pequeña ayuda a un *especialista angélico*.

En lo que hace referencia al tema de los ángeles y sus peculiaridades, es importante destacar que no trabajan necesariamente solos. A veces lo hacemos como un equipo, como ocurrió en el caso del apoyo prestado a **Sandra Anne Taylor**, profesional de la comunicación reconocida internacionalmente, asesora y autora de *Your Quantum Breakthrough Code (El código cuántico para la consecución del éxito)*, *bestseller* que permaneció durante mucho tiempo en las listas de libros más vendidos del *New York Times*. Sandra ha sido tan amable de compartir con todos el relato de su intervención angélica:

He caminado con los ángeles a lo largo de toda mi vida, pero en realidad vinieron en mi ayuda cuando mi marido y yo adoptamos a dos niños. Había contemplado todas las opciones, es decir, niños nacidos en Estados Unidos y niños extranjeros, pero me sentía confundida respecto a qué opción tomar. De lo único que estábamos seguros mi marido y yo era de que queríamos adoptar a niños mayores, pues por encima de los ocho años los niños suelen ser rechazados debido precisamente a su edad. Una noche, cuando estaba a punto de dormirme, pedí ayuda a Rafael, el ángel del amor y de los viajes. Esa noche tuve un sueño en el que alguien me decía con absoluta claridad: «Ve a San Petersburgo». De manera que empecé a buscar agencias que trabajaran con orfanatos de San Petersburgo, en Rusia, pero no tuve mucha suerte. Aun así, no dejé de pedir ayuda. Una tarde, cuando volvía a encontrarme completamente bloqueada en mi búsqueda, estallé y grité: «¡Decidme qué tengo que hacer!». A los pocos minutos de esa explosión de desesperación, recibí una llamada telefónica de un amigo que me habló de un encuentro sobre adopción internacional, que iba a tener lugar esa misma tarde aproximadamente a una hora de camino de mi casa. De inmediato decidí acudir, pero poco antes de la hora prevista para el comienzo de la reunión, se desató una terrible tormenta de nieve. Entonces recibí otra llamada de mi amigo, que me contó que iba a ser un encuentro de mujeres interesadas en la adopción de niños de Sudamérica. Esa información, junto con la nieve, me hizo pensar que quizá no debía molestarme en ir. Pero tan pronto como tuve ese pensamiento, oí con absoluta claridad: «¡Acude al encuentro!». Y cuando percibo un mensaje de un modo tan claro, siempre le hago caso. De modo que ahí estaba, conduciendo a través de la nieve cegadora, pensando que estaba cometiendo una locura. Pero seguí adelante. Cuando llegué al encuentro, las mujeres estaban sentadas en círculo y cada una de ellas estaba contando su experiencia personal. Me sentí algo frustrada, porque me daba la impresión de que ninguna de ellas ofrecía información que me pudiera resultar de interés, hasta que me fijé en la mujer que estaba a mi lado. Sostenía una revista sobre adopción de la que nunca había oído hablar ¡y el número entero estaba dedicado a la adopción en Rusia! En la contraportada de la revista había un anuncio de una agencia que trabajaba con un orfanato en San Petersburgo buscando hogar para niños ya mayores. De hecho, el artículo principal hablaba de una mujer que había adoptado a un niño mayor de San Petersburgo, ¡justo lo que yo estaba buscando!

Mi marido y yo terminamos acudiendo precisamente a esa agencia y a ese orfanato, para finalmente encontrar a los dos maravillosos niños que adoptamos: nuestra hija Vica, que tenía entonces 12 años, y nuestro hijo Jenyaa, de 11. ¡Pero la providencia y la ayuda no terminaron ahí! Hubo muchos otros momentos en los que Rafael y otros espíritus amigos vinieron en mi ayuda, incluso en los últimos días en Rusia, para aclararme el farragoso papeleo, guiarme en el proceso e incluso ayudarme a encontrar el pasaporte que había perdido y sin el cual habría sido imposible que completara la adopción.

Trajimos a casa a nuestros niños en Nochebuena y supimos que nos queríamos incluso sin hablar aún el mismo idioma. Supe sin ningún género de duda que esos niños estaban destinados a quedarse con nosotros. Y estoy segura de que Rafael, que es también el ángel de los milagros y de los lazos familiares, desempeñó un papel primordial para conseguir que nos reuniéramos.

Es evidente que Sandra cree en las increíbles capacidades que tienen los ángeles para hacer milagros en la vida de las personas, siempre y cuando se les permita hacerlo. La pregunta que me formuló se planteaba en los términos siguientes:

Sé que cada uno de nosotros tenemos al menos un ángel de la guarda que permanece con nosotros durante toda la vida, pero ¿continúa acompañándonos una vez traspasado el fin de esa vida? (Esto hace que me pregunte, Gerry, si Margaret es y ha sido siempre tu ángel de la guarda personal).

Antes de responder a tu pregunta, querida Sandra, quiero hablarte en primer lugar un momento acerca de tu increíble situación y de cómo fuiste capaz de seguir el camino de los milagros confiando en tu intuición. Cuando se nos busca —y se nos invoca pidiendo ayuda— nosotros hacemos todo cuanto está en nuestra mano para proporcionar situaciones que puedan inspirar las visiones y las intuiciones de aquello que se está creando. Pero nos ayuda mucho cuando la persona a la que asistimos se centra sin vacilaciones en ese pensamiento, que es lo que tú hacías cuando estabas pensando en adoptar a los que luego fueron tus hijos.

Fue en aquel momento cuando escuchaste la respuesta. Escuchaste la callada voz interior que lleva las ideas a tu cabeza y que te sugería la manera de avanzar en la dirección que deseabas. Eran voces angélicas y, del mismo modo que tú fuiste capaz de oírlas, cualquier otro puede hacerlo. Pero se necesita un poco de concentración y creer firmemente en que existe conexión con una fuente de conocimiento más allá de los cinco sentidos. Y esto nos lleva a tu pregunta sobre cómo tiene lugar esta conexión entre los ángeles y el género humano.

Los ángeles tuvieron un gran peso instrumental en vuestra creación, del mismo modo que los seres terrenales están directamente implicados en la creación de sus hijos. Cada ángel asiste al Creador en la manifestación de un ser de energía de alma y, al hacerlo, comparte parte de su energía, contenida dentro de la estructura energética de esa alma. Esta es la verdadera naturaleza de lo que vosotros conocéis como ADN. Comienza con la impronta energética del Creador, que da paso luego a la impronta energética del ángel que ayudó a la creación del alma y, a continuación, el alma transmite esa impronta a los seres físicos en los que se manifiesta.

De modo que, cuando hablamos del «ángel de la guarda», en realidad estamos hablando del ángel que ayudó en la creación de tu alma, Sandra, en la medida en que ese ángel está conectado para siempre con esa alma en todas sus formas de encarnación. Tu ángel de la guarda habrá ayudado también a la creación de otras almas y esas almas forman tu *grupo de almas*. De modo que sí, querida, he sido el ángel guardián de Gerry en todas sus experiencias y en todas sus formas de vida. Aunque Gerry no ha desarrollado en todas estas formas de vida la capacidad de hablar conmigo del modo en el que nos comunicamos ahora.

Tu ángel de la guarda ha estado contigo todo el tiempo, pero a la vez tú atraes a otros ángeles, que te ayudan en diversas tareas que intentas llevar a cabo. Todos los ángeles han sido imbuidos de aptitudes creativas, que nosotros aprovechamos para crear estructuras que ayuden a las almas. En mi especialidad como comunicador, soy muy hábil a la hora de encontrar las maneras de *traducir* distintos conceptos complicados en un lenguaje fácil de entender. Otros ángeles tienen habilidades en áreas diferentes, como el dibujo geométrico, la sanación o la música (a la que también se hace referencia espiritualmente como «modulación de frecuencia y armonía»). Los ángeles siempre nos pedimos ayuda entre nosotros, pues la condición de ángel no tiene en cuenta el ego. Lo más importante es encontrar formas creativas de ayudar a las personas de manera eficaz.

Por ejemplo, cuando tratabas de encontrar a los niños perfectos que deseabas adoptar, lanzaste al universo un concepto bien definido. Entonces un equipo de ángeles comenzaron a trabajar en tu petición. Tu frecuencia de energía y la frecuencia de energía de niños de todo el mundo entraron en confrontación. Entonces este equipo de ángeles profundizó en las características de las posibles coincidencias, con objeto de descubrir la mejor combinación posible para ti en términos de personalidad, localización geográfica y posibilidad de conocer las leyes y normativas de adopción. No obstante, fue la singular claridad de tu propósito lo que permitió a tu ángel de la guarda reunir este magnífico equipo para que, a su vez, diera forma a este maravilloso acontecimiento.

Mandi Morrisey dudaba de que hubiera excepciones a la regla según la cual tu ángel guardián permanece contigo de vida en vida. A este respecto preguntó:

> *¿Nos abandonan los ángeles en algún momento (a nosotros como humanos) si tomamos decisiones que no les gustan? Existen seres humanos con las peores intenciones que toman malas decisiones y hacen daño a los demás; aun así ¿siguen teniendo un ángel con ellos?*

Nosotros nunca rompemos nuestra conexión con vosotros como humanos porque nunca abandonamos a ninguno en su condición de yo superior. No existe ningún acto que haga que os abandonemos, porque nosotros no juzgamos vuestras acciones. Incluso las peores decisiones, con las peores motivaciones humanas, pueden impulsar a otras almas a crecer en energía hasta niveles ciertamente asombrosos. Todo lo humano es solo temporal para el alma y todas las experiencias llevan a crecer, por muy difícil que resulte creerlo.

¿No es increíble que cada uno de vosotros tenga un ángel conectado energéticamente de un modo tan profundo, conocedor siempre de vuestros deseos y dispuesto en todo momento a ayudaros a alcanzar la alegría? En ese contexto es posible preguntarse por qué a muchos les resulta tan difícil abrirse a la comunicación angélica. *Laura Botsford*, profesora y artista de Portland, Arkansas, pensaba precisamente en esta conexión cuando preguntaba:

> *¿Cómo llegaste a tener a Gerry como canal de comunicación? ¿Es posible enviar al universo un llamamiento para tener tu propio espíritu en conexión?*

Cuando Gerry contactó conmigo por primera vez había aprendido ya mucho del chamanismo, de guías espirituales y de animales de poder. Pero deseaba intensamente hablar con un ángel, concretamente con su ángel de la guarda. Le habían dicho que había tenido uno cuando era más joven y, aunque nunca habíamos hablado directamente, fue cobrando forma en él la intensa convicción de que, efectivamente, debía de tener uno.

Gerry prometió que encontraría el modo de comunicarse conmigo, ¡solo con que yo le dijera mi nombre! Él no esperaba la respuesta en ese momento, pero cuando cerró los ojos vio con total claridad mi nombre, *Margaret*. Tuve que deletreárselo varias veces y de diferentes maneras, puesto que tardó algún tiempo en comprender que ese era realmente mi nombre.

Sintió el impulso de agarrar un bloc y escribirme una carta, un método conocido como *escritura automática*. Escribió sobre todas las dificultades por las que estaba pasando en la vida en esos momentos y, de repente, se sorprendió escribiéndose una carta de contestación a sí mismo, en lo que en realidad era el primer mensaje mío canalizado a través de él. Le sorprendió que la misiva le hablara del modo en el que él mismo había intervenido de una u otra forma en la creación de todos los acontecimientos de su vida de aquel momento; sin embargo, el mensaje no contenía críticas ni opinión alguna. La carta le hizo ver aquello que podían sentir otras personas presentes en su vida con relación a él y a sus actos. Al final percibió que el mensaje estaba cargado de energía de amor.

Gerry me preguntó qué veía yo en él de especial —¿por qué le había elegido precisamente a él para comunicarme? Yo le dije algo que acabaría por convertirse en una broma recurrente entre nosotros: ¡no había en absoluto nada de especial en él! Y tenía la esperanza de que, cuando la gente viera que incluso él podía hacer esto, se darían finalmente cuenta de que *cualquiera* podía hacerlo.

Sí, todo el mundo tiene un espíritu en conexión y la capacidad de conversar con su ángel, pero para hacer uso de esta habilidad es necesario que exista deseo y actitud receptiva. Es posible probar nuestros diferentes métodos, a fin de comprobar cuál se adapta mejor a cada uno. La escritura automática es una técnica con la que muchas personas, incluido Gerry, han obtenido buenos resultados. Otros, en cambio, utilizan cartas del oráculo o cartas de ángeles, o cualquier otra de las numerosas herramientas de comunicación a las que se puede recurrir. Solo es preciso ser consciente de que, si se desea realmente establecer una comunicación con los ángeles, nosotros compartiremos también ese deseo y haremos todo lo posible para hallar la mejor herramienta para que esa interrelación se descubra y se consolide.

Yo sabía que eran muchas las personas que tenían problemas, de modo que pedí a Gerry que ideara y pusiera en funcionamiento un curso o programa específico en el que se abordara la problemática de la comunicación con los ángeles. Gerry aprovechó sus conocimientos y sus aptitudes para aportar al mundo un método nuevo, que dio lugar al curso sobre ángeles y chamanes. En sus clases miles de personas han encontrado a su ángel y ahora pueden establecer conexión con él de forma regular (la grabación de audio de este curso está disponible en CD o también es posible descargarla accediendo a www.gerrygavin.com). En ese curso Gerry hace uso de sus aptitudes chamánicas y utiliza visualizaciones con el fin de crear las condiciones perfectas para que los participantes intenten optimizar su receptividad ante los mensajes transmitidos por los ángeles. Una vez establecida la conexión terrenal, las personas limpian y cargan de energía sus chakras, expulsan y disipan el miedo y la aflicción de su corazón y, finalmente, son abocados a un reconfortante *viaje,* en el curso del cual conocen a su ángel y conversan con él.

Para que las personas abran su perspectiva y accedan a niveles más profundos de comunicación espiritual, es necesario que se liberen de sus miedos y dejen paso a la confianza. Es posible que haya personas que se sientan identificadas con *Sharon Duquette*, de Teksbury, Massachusetts, que planteó el siguiente interrogante:

Me sentí verdaderamente atemorizada cuando empecé a escuchar los mensajes, pero ahora finalmente estoy aceptando y asumiendo mis dones. ¿Por qué nos mostramos tan reacios a empezar a creer en esta capacidad? ¿Cómo podemos tranquilizar y hacer ver a otras personas que se trata de un fenómeno cierto y real y que no deben sentir temor alguno por la opinión de los demás?

Esta pregunta hace en realidad hincapié en la cuestión de por qué a la gente le resulta tan difícil abrirse paso hacia la comunicación espiritual y aceptarla sin complejos. En parte la cuestión guarda relación con el miedo a las críticas de los demás. Sin embargo, el asunto va más allá del simple hecho de pensar en el qué dirán si se empieza a contar que se está en comunicación con los ángeles; en el proceso también entra en juego la autocrítica. A mucha personas les cuesta abrirse a la conexión con los ángeles, debido a que, de una forma o de otra, se consideran a sí mismos indignos. Incluso si llegan a alguna forma de comunicación, en ocasiones la desechan, atribuyéndola a su imaginación. De modo que el primer paso y el más difícil de abordar a la hora de abrirse a cualquier forma de comunicación espiritual o *con otro mundo* consiste en confiar plenamente en uno mismo. Es fundamental ser consciente de que se está recibiendo esa información y permitir que fluya de forma libre.

Es cierto, no obstante, que algunas personas vacilan a la hora de comunicarse personalmente con ángeles, debido a las leyes de la fe religiosa que profesan. En algunas religiones no solo es tabú tratar de comunicarse con ángeles o almas que han pasado al más allá, sino que se considera directamente un pecado, una blasfemia o incluso una prueba de posesión demoniaca. Todos estos planteamientos son condicionantes ciertamente lamentables. Por favor, tenéis que saber que no existen restricciones en cuanto a quién tiene permiso para hablar con los ángeles ni en cuanto a cómo ha de tener lugar tal comunicación. ¡Nosotros los ángeles estamos íntimamente interconectados con vosotros y por eso sentís esa atracción hacia nosotros!

Al principio, siempre es mejor dedicar el tiempo necesario a practicar la comunicación con uno mismo, haciéndose preguntas importantes que contribuirán a la sanación de la vida y a la preparación de la felicidad futura. Cuando se sienta que los mensajes que generan son precisos y verdaderos, se percibirá la confianza necesaria para compartir estos mensajes con los demás. Conviene recordar que, del mismo modo que la energía siempre atrae energía, cuando se está preocupado por que la gente pueda plantear críticas, es probable que se atraiga a personas que hagan precisamente eso. Si, por el contrario, se piensa que existe un mundo de gente deseosa de aprender a llevar una vida de felicidad, entonces se atraerá a este tipo de personas. Al comienzo de nuestro trabajo juntos, Gerry temía atraer a los escépticos. Aunque en realidad atrajo a algunos, vio también que la abrumadora cantidad de gente que acudía a nosotros en busca de orientación acababa por desarrollar, de modo invariable, una mente más abierta y un corazón más dichoso. Ello le hizo sentir una gran alegría en nuestro trabajo y Gerry fue atrayendo cada vez a más personas que buscaban una vida caracterizada por una mayor felicidad y un conocimiento más profundo.

Tanto si se trata de una persona con experiencia en comunicación angélica como simplemente de alguien que está empezando a confiar en que puede hablar con su ángel, la gente a menudo llega a la cuestión planteada por *Louis Szabo*, *coach* de energía que vive en París, Francia, que plantea la siguiente pregunta:

> *¿Cómo puedo explicar la diferencia entre la que me gustaría que fuera la respuesta (la procedente de mi ego) y una verdadera respuesta angélica?*

Esta es probablemente la pregunta que más nos han hecho a Gerry y a mí cuando ayudamos a gente que está abriéndose para expandir sus capacidades intuitivas o psíquicas. Lo más importante a este respecto es siempre que la persona sienta el mensaje cuando lo está recibiendo. Si alguna de las palabras del mensaje o la sensación global reflejan una energía vinculada a las percepciones de crítica, culpabilidad, vergüenza o temor de algún tipo, es más que probable que el mensaje esté siendo filtrado a través del ego de esa persona y que no proceda directamente de una fuente angélica.

Por ejemplo, Louis, si te estás peleando con tu novia y recibes el mensaje de que deberías dejarla porque no merece la pena alguien que no es espiritualmente tan elevado como tú, probablemente hayas recibido ese mensaje de tu ego. Pero si el mensaje es un llamamiento a la calma y a que te abras a su punto de vista, de manera que podáis tomar decisiones conjuntamente y mantener una conversación desde el amor y la comprensión, entonces es presumible que ese sea un mensaje de procedencia angélica.

Nosotros los ángeles nunca juzgamos, nunca culpabilizamos y nunca te diremos —ni a ti ni a nadie— que estás equivocado o que estás en lo cierto. Si nos pides consejo y te sugerimos una determinada línea de acción, nunca te criticaremos si no sigues ese camino. Te mostraremos amor y mostraremos amor también hacia tu enemigo, rival o contraparte. Existe la posibilidad de que hablemos de cosas o problemas que requieran un abordaje urgente, pero nunca intentaremos infundir miedo. Puedes estar completamente seguro, Louis, de que siempre te diremos «No tengas miedo» y siempre te exhortaremos a amarte a ti mismo y a amar a los demás. La regla general a la que siempre hay que atenerse es que, si el mensaje no viene de un lugar de amor y de compasión incondicionales, de comprensión y de alegría, su origen no es bajo ninguna circunstancia un ángel.

Espero que ahora os sintáis ya cómodos con la idea de establecer contacto con vuestro ángel para requerirle cualquier tipo de ayuda o apoyo que necesitéis. También es importante saber que podéis llamar a los ángeles para que auxilien a otras personas: no tenéis que esperar a que esas personas pidan ayuda para sí mismas. *Jill Lebeau*, terapeuta espiritual y especialista de *feng shui* de Berkeley, California, plantea la siguiente cuestión:

> *En el programa de radio en el que te comunicas con nosotros a través de Gerry, nos animas a pedir que una «legión de ángeles» nos asista si sentimos que lo necesitamos. Me gustaría saber qué sucede cuando requerimos una legión de ángeles para que acuda en ayuda de otra persona. A veces pido a mis ángeles que conecten con los ángeles de otro y le proporcionen energía portadora de serenidad, tranquilidad, protección y amor. ¿Qué ocurre cuando lo hago?*

Querida Jill, cuando llamas a los ángeles para que ayuden a otra persona, puede decirse que ese llamamiento es equiparable al hecho de estar rezando por el bien de alguien. Y una oración es precisamente lo que estás pronunciando en este caso. No estás exigiendo, sino solicitando que una persona sea rodeada por la energía de los ángeles.

La palabra *legión* podría llevar en este caso a cierta confusión, al ser entendida desde el punto de vista del significado militar humano. Una legión consistiría en miles de soldados y un general arengándolos, aunque serían necesarios muchos para garantizar el éxito y derrotar al enemigo. En el caso de tu oración, el *enemigo a batir* está integrado por el miedo y por otras vibraciones que provocan pérdida de energía.

Si invocas a una legión de ángeles, puedes recibir ayuda de una docena o de cien o más ángeles. Lo más importante no es el número de ángeles, sino las vibraciones que esos ángeles generan con objeto de proteger a una persona de la pérdida de energía y para aumentar su vibración hasta un nivel de sanación. El número de ángeles necesarios varía en función del número y la intensidad de las fuentes que están causando la progresiva pérdida de energía de esa persona hasta llegar a su agotamiento. La respuesta a una oración es casi instantánea, pues los ángeles reaccionan de forma inmediata y ofrecen energía, aunque estén implicados en otra tarea. Cuando un ángel termina su trabajo, es reemplazado por otros ángeles, de manera que el ciclo de recarga y protección energética llegue a su fin y se complete.

Conviene recordar, no obstante, que todos los seres humanos están dotados de libre albedrío. La persona por la que se está orando puede tener creencias que sean portadoras de energía degenerativa y que, en consecuencia, atraigan más energía de esa clase. Si una persona se aferra a los sentimientos de miedo, si su realidad le sugiere la idea de que es una víctima y no un creador, de hecho, no hace más que continuar generando más energía que tiende a ratificar su condición de víctima.

No obstante, sea cual sea la contingencia en la que sea preciso intervenir, nosotros los ángeles continuaremos respondiendo a vuestras solicitudes de ayuda, siempre y cuando estas se produzcan.

En vuestra búsqueda de respuestas, os esforzáis por comprender la esencia de vuestra energía y su interrelación con la energía de los ángeles y del Creador. Si, por un lado, los asuntos espirituales son ciertamente importantes para vosotros, que estáis leyendo estas páginas, y para quienes formularon en su día las preguntas que han servido de base para su elaboración, por otra parte conviene tener en cuenta que también hay muchas personas que siguen adelante durante toda su vida, sin llegar a plantearse en ningún momento estos temas y, aun así, contribuyen al crecimiento del universo. En este contexto se encuadra la siguiente pregunta planteada, como otra anterior, por *Marilyn Enness*:

> *Parece que invertimos gran cantidad de recursos, tanto personales como de energía, en esforzarnos por conocer a nuestros ángeles y en conectar con ellos. ¿Por qué venimos a la Tierra para aprender sobre el mundo espiritual? Si tenemos conocimiento y uso omnisciente de los servicios de nuestros ángeles cuando nos encontramos en estado de espíritu, ¿no serán todas estas cuestiones claramente evidentes cuando volvamos a ser espíritu tras nuestra encarnación terrenal actual? De igual modo, cuando somos espíritu, ¿pretendemos conocer y comprender lo físico?*

Es cierto que muchos de vosotros, cuando estáis en la Tierra, pasáis mucho tiempo tratando de *recordar* quiénes erais en estado de espíritu. En el estado de alma se tiene pleno conocimiento de la relación con las demás almas, con los ángeles y con el Creador. Tiene sentido pensar que, dado que se va a regresar a tal estado, se pudiera esperar hasta acceder de nuevo a él para descubrir qué va a suceder. De modo que cabe preguntarse qué es lo que alimenta entonces el anhelo que presentan muchos humanos por comprender todo aquello que perciben como desconocido.

A partir de tales planteamientos creo que la cuestión puede resumirse en una sola palabra: «conexión». Querida Marilyn, cuando tu alma coloca parte de su energía en tu cuerpo físico, tú sigues sintiendo cierta conexión energética con el conjunto de la creación. Ello genera una atracción energética que hace que desees *mantenerte en contacto.*

Desde el punto de vista de los sentidos humanos, piensa en lo que ocurre cuando se vive con alguien a quien se ama. Sabes perfectamente que vas a hablar con esa persona cuando la veas por la tarde. Sin embargo, en esa situación, ¿no sentís muchos de vosotros la necesidad de hablar con la persona amada en algún momento a lo largo del día? ¡Deseáis mantener el contacto! En las redes sociales, tan populares hoy en día, es posible estar permanentemente conectado con todas las personas con las que cada uno se relaciona en su vida, compartir los propios pensamientos y lo que se está haciendo y, en ocasiones, esos medios sirven para recibir u ofrecer palabras de aliento. Se desea saber que esas otras personas están bien y lo que hacen. Esta necesidad tiene sus raíces en algo que el alma está siempre tratando de hacer, que es vivir el momento. Cuando se habla con esa otra persona a lo largo de la jornada, ello permite luego retomar los asuntos importantes del día cuando se la vuelve a ver por la noche, o bien permite pasar a temas por completo nuevos y estar totalmente presente y viviendo el momento para la otra persona.

Pues bien, Marilyn, algo similar ocurre con la conexión con tu condición de alma desde el estado físico. Simplemente percibes una sensación de conexión con algo más grande y más trascendente que aquello que estás experimentando en tu existencia terrenal. De este modo alcanzas la conexión con ese estado; tu consciencia trata de comprender tu situación. Cuando llegas a darte cuenta de que eres parte de algo mucho más grande, de que cuentas con un equipo de apoyo espiritual, de que nunca estás sola, de que hay divinidad dentro de ti y de que te encuentras en pleno proceso de creación de tu vida terrenal, ello te confiere la capacidad de vivir en el momento presente. Al alcanzar tu yo superior, al conectar con guías espirituales y ángeles, accedes a perspectivas que te permiten vivir una vida más feliz y con menor presión. De manera, Marilyn, que, cuando entras en contacto con nosotros, no se trata tanto de *comprendernos*, como de tener una percepción más clara de *ti misma*.

Piensa, por ejemplo, en las personas que se interesan por la genealogía y por los antecedentes de su linaje familiar. Lo hacen porque desean saber qué tipo de gente fueron sus antepasados, con la esperanza de que esa información les ayude a tener una visión algo más clara de sí mismos. Del mismo modo muchas personas que fueron abandonadas o dadas en adopción en su niñez quieren saber quiénes fueron sus progenitores biológicos. Es natural que el ser humano pretenda conocerse siempre mejor a sí mismo. Es evidente que cuanto mejor se conozca uno mismo, más feliz será, por lo que el tiempo dedicado a este tipo de búsquedas siempre será tiempo bien invertido.

Has de saber, Marilyn, que tu yo superior está tan interesado en ti como tú en él. Cuando te encuentras en el estado de yo superior, estás en conexión con todas tus encarnaciones y percibiendo la experiencia y la aventura inherente a la sucesión de esas encarnaciones. Son muchas las personas que perciben esa conexión ante experiencias intensas, como, por ejemplo, cuando practican caída libre o esquí acuático, cuando corren delante de los toros en un encierro o tal vez al nadar con delfines. O bien, en un plano menos individual y más universal, al ser padres, al viajar a lugares nuevos o al trabar amistad con alguien. El ser humano desea (y su alma también) vivir la vida plenamente y ampliar sus experiencias, sus conocimientos y sus emociones. Esta es la razón por la que a la gente le gusta evadirse con la lectura de un libro o viendo una película: para vivir esa aventura concreta en ese preciso momento.

De manera que, para contemplar la existencia humana del mismo modo en que lo hace el alma, es necesario considerar cada momento de la vida como una aventura que enlaza directamente con otra. Y es preciso, además, buscar de forma activa las aventuras que puedan proporcionar alegría y gozo, en tanto que la experimentación de alegría es la máxima expresión de los deseos del alma.

DESTINO, VOLUNTAD Y YO SUPERIOR

> *«Desde el momento en el que naces en la familia por ti elegida te conviertes esencialmente en protagonista de tu historia particular, en tanto que todos los demás interpretan los papeles de los actores secundarios».*

Se han escrito infinidad de libros, se han compuesto infinidad de canciones y se han rodado multitud de películas centradas en analizar cuál es la verdadera naturaleza de la experiencia humana. Filósofos y teólogos han debatido hasta la extenuación sobre la cuestión de si la vida del ser humano está planificada de principio a fin, o bien se trata de algo así como un juego cósmico en el que nada tiene sentido y nadie sabe lo que va a suceder después. Si la vida está predeterminada, entonces ¿cuál es el propósito de vivirla? Y, si no es así, cabe preguntarse cómo sabe el ser humano si está tomando las decisiones correctas en cuanto a la manera de vivir su vida. Ante el ingente caudal de interrogantes que ha venido proponiendo a lo largo de su historia el género humano sobre esta cuestión, no me sorprende en absoluto que algunas de vuestras preguntas se centren también en ella. He aquí, por ejemplo, la siguiente consulta, enviada por *Andrea Mueller*, maestra espiritual y enfermera retirada que vive en Perth, Ontario, Canadá:

> *¿Tenemos realmente libre albedrío? ¿Existe algo a lo que se le pueda llamar así?¿No es Dios quien nos guía a todos? Si cuestionamos las decisiones de las personas, ¿no estamos cuestionando la suprema sabiduría de Dios?*

Efectivamente el libre albedrío existe, y comienza con el ofrecimiento a las almas de la posibilidad de decidir si desean vivir en la luz o experimentar la polaridad del universo como seres físicos. Sin embargo, el libre albedrío resulta especialmente evidente en la condición humana. El yo superior trabaja junto con otras almas para crear diferentes posibilidades de experiencia para la propia consciencia de encarnación, mientras que todo lo demás que ocurre desde el momento del nacimiento es pura improvisación, tanto por parte de uno mismo como por parte del resto de personas que participan en su vida.

Hay algo muy interesante, Andrea, que sucede cuando te conviertes en un ser humano. Dado que esencialmente estamos hablando de la *historia* de tu vida, creo que los ejemplos que propongo a continuación, relacionados con el entretenimiento y más concretamente con el cine, pueden ayudar a comprender este tipo de conceptos.

Tu yo superior crea los antecedentes de tu vida como ser humano. Como yo superior, trabajas al unísono con muchas otras almas, algunas de las cuales proceden del mismo grupo que tu alma (esas almas creadas por tu ángel de la guarda en conjunción con el Creador), pero otras no. Tú y esas otras almas creáis una nutrida y variada serie de experiencias compartidas por vuestras encarnaciones, que os permitirán desarrollar el mayor potencial de crecimiento. Creáis así la historia de vuestras raíces, un legado de emociones, habilidades y aflicciones que son transmitidas de generación en generación.

Desde el momento en el que naces en la familia por ti elegida, te conviertes esencialmente en *protagonista* de tu historia particular, en tanto que todos los demás interpretan los papeles de *actores secundarios*. Solo te preocupa lo que te afecta directamente. Quieres que te den de comer, que te críen, que te entretengan, y la mayoría queréis que os amen. Lo que resulta ciertamente relevante es que las demás personas del mundo también se consideran a sí mismas las protagonistas de su propia historia, y también ven al resto de personas del mundo como actores de reparto. Piensa en lo complicado que sería ver una película en la que cada actor fuera el protagonista y tuvieras que seguir cada historia y recordar quién es el protagonista según se suceden las escenas.

En el mundo humano ocurre en realidad algo parecido. Pero lo que hace que todo sea aún más complicado es que existen miles de millones de personajes en todo el mundo, ¡y todo ello en ausencia de un guion! Cada día, cada personaje de tu historia, incluida tú misma, se despierta sin tener ni idea de cuál será la trama esa jornada. De modo que te ves improvisando un día tras otro, buscando el modo de participar sintiendo que eres el personaje principal.

Puede afirmarse que eso es el libre albedrío en su máxima expresión. El ser humano tiene la capacidad de responder a las situaciones de la vida de modo diferente cada día y, al hacerlo, está ejerciendo su libre albedrío. Hay quien habla de un plan de Dios para el mundo, pero es importante saber que el único plan que ha tenido alguna vez el Creador para cada persona es que experimente la grandeza de su divinidad y su capacidad de ser todo aquello que ella misma quiera crear.

Si aceptamos que el ser humano tiene libre albedrío y que está en condiciones de influir en su propia vida al decidir sobre su modo de expresión, ¿puede entonces crear la vida que desea? Tal vez ese tipo de razonamientos eran los que tenía en mente *Tony Lauria*, músico, vocalista e intérprete, residente en Grass Valley, California, cuando planteó las siguientes interrogantes:

Muchos maestros afirman que es posible ser, hacer o tener cualquier cosa que se desee. Pero tras años de practicar técnicas de desarro-

llo personal, me sigue resultando difícil creerlo. ¿Existe un destino predeterminado que gobierna los deseos y nos mantiene en la senda que conduce hacia cierto orden superior, sin importar la decisión de avanzar en la dirección de los propios anhelos? Si no es así, ¿cuál es la clave definitiva para que cada uno pueda alcanzar sus propias metas si son razonables?

Para responder a la pregunta de cómo alcanzar las propias metas en la Tierra, debo explicar en primer lugar el modo en el que establece los objetivos el yo superior.

Tony, en tu estado de alma, eres energía, ¡una energía verdaderamente inmensa! La interconexión de tu energía con la energía ingente de otras almas da vida a lo que los humanos denomináis universo. Cada alma desea expandir esa energía colocándola en muchas formas de vida distintas, en puntos también distintos de la evolución, en lo que vosotros llamáis historia.

Utilizando lo que podría considerarse una alegoría económica de la existencia humana, el yo superior invierte su energía en diferentes formas de vida, del mismo modo que tú inviertes tu dinero en diferentes mercados. Elige diversas formas de vida en comunidades geográficas, situaciones socioeconómicas y periodos de la historia diferentes, puesto que es precisamente esa diversidad de experiencias la que proporciona mayores oportunidades, más opciones de expansión y más maneras de aprender. Los humanos no podéis estar absolutamente seguros del resultado de estas inversiones del alma, pues numerosas variables influyen sobre su rendimiento. Pero si vuestras vidas componen una variada *cartera de valores,* entonces podréis confiar en que, a largo plazo, expandiréis vuestra energía. Al crecer en una medida suficiente, vuestra energía se expande hasta cierto punto, y entonces se «divide» y cada uno de vosotros puede separar su alma en distintos fragmentos, para invertir la energía generada en el proceso en nuevas formas de vida; pero sin dejar de pertenecer al mismo yo superior.

Así pues, el yo superior asume grandes riesgos cuando diseña la estructura energética de ciertas vidas, esperando de ese diseño un gran rendimiento. Y juega sobre seguro con la estructura energética de otras vidas, reduciendo al mínimo el riesgo y aspirando a un rendimiento lento y constante. En otras palabras, Tony, para conseguir la renta más segura de tus inversiones, podrías invertir parte de la energía de tu alma en la encarnación de un niño nacido en el seno de una familia capaz de proporcionar amor y seguridad económica. Sabemos que existen buenas oportunidades de crecimiento del alma en ese entorno, salvo que existan opciones no previstas de libre albedrío. También podrías invertir parte de la energía de tu alma en un niño nacido en la pobreza, en un país devastado por la guerra, conocedor de que, donde existe un alto riesgo, existe también un potencial incluso mayor de crecimiento del alma y de profundas lecciones de amor, comprensión y júbilo.

En ocasiones una encarnación física puede desear una gran expansión de energía, aunque tema el riesgo necesariamente implícito. Cuando se juega sobre seguro, se obtienen resultados predecibles, pero no se alcanzan los saltos cuánticos de crecimiento del alma que tienen lugar cuando se acepta el riesgo de un camino menos transitado. Por ejemplo, pongamos por caso que tu deseo es convertirte en escritor y maestro espiritual, y que has estado escribiendo libros en tu tiempo libre y practicando técnicas de desarrollo personal para que se den las circunstancias apropiadas. No obstante, la energía que es la manifestación de tus metas deseadas no te llegará si no corres el riesgo de mostrar públicamente tus enseñanzas. Si el miedo al posible ridículo no te permite salir del entorno en el que te sientes cómodo, no correrás los riesgos que podrían suponer una mayor contrapartida. De hecho, muchas personas hacen lo mismo y permanecen en el mismo trabajo durante años, incluso sintiéndose tristes, porque no se deciden a dar una oportunidad a lo desconocido.

Llegado el momento de planificar una encarnación física, el alma no determina ningún detalle preconcebido exacto. No existe un destino o un resultado inalterable. Tu objetivo es solamente crear un retorno de la energía en exceso a través de todas tus formas de vida, de modo que desarrollas un plan con ciertos factores de crecimiento y de riesgo.

Las almas que planean juntas encarnaciones se concentran en factores tales como la dinámica familiar (estable o variable), los indicadores económicos (economía segura o inestable) los potenciales factores de salud (enfermedades hereditarias o retos), y muchos otros. Después, los grupos de almas deciden formar equipo para crear oportunidades para ciertos desafíos, que permitirán el más alto nivel de beneficio en términos de crecimiento y expansión del alma.

Las experiencias de luz aportan seguridad, estabilidad y reconocimiento de la autoestima; por el contrario, las experiencias de oscuridad conllevan inseguridad, inestabilidad y pérdida de autoestima. No obstante, si bien ambas son experiencias creadoras que generan crecimiento, las inversiones más arriesgadas son aquellas que suponen las ganancias más importantes. De modo que, para aumentar la probabilidad de que vuestros objetivos personales se conviertan en vuestra realidad humana, a menudo es necesario, amados seres queridos, que salgáis de vuestro círculo conocido y cómodo. Podéis expandir el concepto de simplemente *permitir* que las cosas lleguen a vosotros y, en lugar de ello, invertir activamente vuestras energías en ideas únicas para hacer realidad vuestros sueños y los consiguientes objetivos.

Muy a menudo nos oiréis a Gerry y a mí hablar de los ángeles que os ayudan a crear la vida de vuestros sueños. Después de todo, si se acepta que el alma viene a la Tierra para descubrir y vivir diferentes experiencias y para expandir energía, ¿no significa eso que el alma encarnada está aquí para hacer realidad sus sueños? En el mundo físico toda gran creación comienza como el sueño de alguien, que no es otra cosa más que la esperanza emocional de futuro de una persona. En este contexto cabe preguntarse ¿qué papel desempeñan los ángeles y qué ha de hacer el ser humano para que este proceso ocurra? *Katrin Navessi*, cantante y compositora, nos escribió desde Viena, Austria, planteando el siguiente interrogante:

> *¿Por qué los seres humanos tienen sueños y anhelos? El mío es alcanzar el éxito como profesional de la música con mis canciones y mis melodías. ¿Son todos nuestros sueños alcanzables o hay algunos que*

están destinados a seguir siendo sueños? ¿Y cómo pueden ayudarnos los
ángeles a hacer que nuestras aspiraciones se conviertan en realidad?

Querida Katrin, los sueños, anhelos y ambiciones son la voz de los deseos
del alma, que tratan de orientarte en la dirección de la vida que te hará más
feliz. Es muy frecuente escuchar a personas que se lamentan, afirmando que
trabajan en un determinado puesto solo para tener el dinero suficiente para
pagar las facturas, pero que, en realidad, la actividad que les apasiona es otra
completamente ajena a su ocupación habitual. Cuando se siente pasión por
algo que no se está haciendo, esa actividad deseada se convierte en un sueño,
en una aspiración a la que se le dedican tiempo y energías, imaginando la
alegría que le aportaría a uno esa realidad imaginada.

Un sueño apasionado tiene el enorme potencial de convertirse en realidad
cuando la persona ha puesto ya toda su fuerza creativa a trabajar, tratando de
manifestar y de cumplir su anhelo. Si alguien se centra con constancia en la
consecución de su objetivo, si su intención es clara y si está actuando en la dirección correcta para hacer realidad su sueño, no hay duda de que podrá elevar
sus vibraciones hasta un nivel muy alto, atrayendo aún más oportunidades si
pide la ayuda de una legión de ángeles para lograr el éxito en esta empresa. Sé
consciente, Katrin, de que, para hacer realidad tu sueño, debes en primer lugar
ponerte en acción en la dirección idónea para conseguir que tu sueño se cumpla.
El hecho de pedir ayuda a los ángeles y de concentrarte en tus pensamientos
te conducirá al conjunto de circunstancias y a las personas que pueden servirte
de ayuda, si bien es posible que no te encuentres preparada para aprovechar la
oportunidad si no has entrado en acción debidamente con la finalidad de que
tu sueño se convierta en realidad. Por ejemplo, si pides ayuda a tus ángeles para
ser una compositora de éxito, ellos podrán crear el marco apropiado para, por
ejemplo, encauzarte a una situación en la que conozcas a una persona influyente
en la industria discográfica. No obstante, a los ángeles nos resultará difícil ir más
allá en la creación de esa realidad si tú, al mismo tiempo, no te has esforzado en
practicar con tu instrumento o en escribir canciones.

Cuando Gerry escribió *Messages from Margaret (Mensajes de Margaret)*,
no sabía que lo estaba haciendo para convertirse en un reconocido autor de

la popular editorial Hay House*. Le pedí que compartiera mi mensaje con el mundo, de modo que tradujo en palabras mi forma de pensamiento, y, a continuación, optó inicialmente por la vía de la autoedición del libro. Sin embargo, deseando que la obra llegara a la mayor cantidad posible de personas que desearan leerla, estableció contacto con una editorial dispuesta a publicar el libro en los formatos impreso y electrónico. Dado que no estaba aún seguro de cómo dar a conocer al mundo mi mensaje en toda su extensión, siguió emprendiendo acciones orientadas a su objetivo y llevó el libro a una feria local centrada en el ámbito de todo lo relativo a las nociones de mente, cuerpo y espíritu, que le pareció un lugar apropiado para probar la experiencia de compartir el libro con otras personas.

Lo que no sabía Gerry era que nosotros, los ángeles, estábamos ya trabajando en la retaguardia, creando un marco idóneo para potenciales oportunidades de crecimiento del libro. Confió en mi opinión en cuanto al *stand* que debía alquilar, aunque sobre el papel no pareciera la mejor ubicación. Como resultado de ello, conoció a una mujer maravillosa, Valerie Paik, que ayudaba en el *stand* situado justo enfrente. Valerie se sintió atraída por la portada del libro, lo compró y pasó en vela toda la noche leyéndolo. Le gustó tanto que habló de Gerry a sus patrocinadores, Ariel y Shya Kane, a los que estaba ayudando en la feria y que pidieron a Gerry que acudiera como invitado a su programa de radio en Internet *Being Here*. Aquel episodio radiofónico fue escuchado por la responsable de ventas de derechos internacionales en Hay House, Alexandra Gruebler, que a su vez habló del libro a Reid Tracy, director general de Hay House, quien finalmente pidió a Gerry autorización para publicarlo en su editorial. Emprendiendo sencillas acciones en la dirección correcta para la consecución de su sueño y confiado por saber que yo estaba junto a él para ayudarle en el camino, Gerry convirtió las palabras tecleadas en

---

* Hay House es una editorial estadounidense que publica obras centradas en el ámbito de la sanación espiritual, la autoayuda y el desarrollo personal de los más representativos escritores de la corriente filosófico-religiosa que conforma el denominado movimiento «Nuevo Pensamiento».

su ordenador en un libro al alcance de un público mundial, actualmente traducido a siete idiomas.

Sea cual sea el camino por el que tu sueño llegue a cumplirse, Katrin, es muy importante que seas constante y nos ayudes emprendiendo acciones que contribuyan a manifestar tus energías ante el mundo. ¡No te quedes anclada en las preocupaciones, que crean energía ahuyentadora! Recuerda el poder de las aformaciones y piensa para ti misma: ¿por qué es tan fácil que mi música atraiga la atención del mundo? Sea cual sea tu sueño, puedes crear una aformación que encaje en lo que deseas alcanzar. También es importante contemplar tu trabajo como un servicio a la humanidad, independientemente de cuáles sean la finalidad o el resultado de tus aspiraciones; eso atraerá el éxito hacia ti, ya que todas las iniciativas adoptadas en tal sentido proceden de una energía de amor.

Hay algo más que mueve a las personas a tratar de alinear su alma con sus sueños. La gente busca una mayor conexión con algo que sienten, algo que saben que es más grande que su simple experiencia humana. **John Holland**, médium psíquico mundialmente reconocido, comunicador, maestro espiritual y autor de varios éxitos de ventas en Estados Unidos, entre ellos *Born Knowing (Nacer sabiendo)* y *Psychic Navigator (Navegador psíquico)*, se refería a esta constatación cuando preguntaba sagazmente:

Antes, venía mucha gente a verme, tanto en el ámbito privado como en el público, con la esperanza de que pudiera conectar con algún ser querido que había pasado al mundo espiritual. Ahora me estoy dando cuenta de que cada vez hay más gente que pregunta también por su propia espiritualidad y por cómo pueden conectar de una manera más profunda con Dios, la Fuente, el Espíritu o con esas capacidades intuitivas que están empezando a abrirse de repente en su interior. ¿Por qué sucede esto ahora en mayor medida? ¿Está produciéndose alguna suerte de cambio cósmico o universal que afecta a nuestro planeta? ¿Qué consejo darías a estas personas que buscan desesperadamente respuestas?

A lo largo de años de evolución y de crecimiento del alma, la especie humana ha ido cambiando. Uno de los principales aspectos de este cambio es que cada vez más y más gente está entrando en el mundo del «hazlo tú mismo». A medida que el ser humano va perdiendo confianza en las instituciones que él mismo ha creado, va dándose cuenta de que prefiere aprender a hacer las cosas por sí mismo. Decide hacerlo porque le resulta más gratificante en el terreno personal y porque además le compensa económicamente. Pero la razón subyacente de este cambio de rumbo de la gente hacia la mentalidad del «hazlo tú mismo» es que implica adquisición de poder y desarrollo de las capacidades de la persona.

Esta es la razón, John, por la cual cada día surgen con mayor frecuencia en tu trabajo esas preguntas, porque tú siempre has trabajado en el empoderamiento de las personas, más que en el autoempoderamiento. Durante años has enseñado a la gente que todos los seres humanos nacen con capacidades psíquicas. Les has enseñado que son espíritus que están teniendo una experiencia física y has enseñado a otros a desarrollar sus capacidades psíquicas. Ellos confían en ti y saben que tu deseo es ayudarles a crecer.

En este punto del ciclo evolutivo la gente quiere recuperar su poder. Aunque no sean plenamente conscientes del porqué, los seres humanos quieren de algún modo acceder a los conocimientos ya adquiridos en el nivel de alma, con objeto de que la vida les resulte más fácil. En el plano humano desean tener un mayor control sobre las cosas de la vida en las que han de invertir sus energías. Los seres humanos buscan la manera de agilizar o simplificar su vida para alcanzar una realización y un crecimiento óptimos y ello es totalmente acorde con el deseo del yo superior y de otras almas de expandir el universo del modo más rápido y fácil posible. Y esto concuerda también con otro aspecto del crecimiento y de la expansión del alma, que es, por encima de todo, ¡buscar la alegría!

Hay muchas cosas que llegas a comprender cuando accedes a tu condición de alma y a tu *yo superior*. **Colette Baron-Reid**, asesora intuitiva mundialmente reconocida, médium psíquica y autora de *The Map*, publicado en español con el título de *El Mapa: tú marcas el ritmo de tu vida,* planteó una magnífica pregunta sobre este aspecto:

> *¿Cuáles son algunas de las aptitudes sin explotar que tienen los seres humanos pero que han de descubrir aún que poseen? ¿Existe algún método que podáis sugerirnos para favorecer ciertas capacidades, como un mayor acceso a la creatividad, una mayor correspondencia entre intención y manifestación o el poder de estirar el tiempo y de obtener información desde el futuro?*

Uno de los mayores retos para muchos seres humanos es el que supone explotar sus habilidades, pues a menudo se sienten bloqueados por las dudas sobre sí mismos, el miedo, la ira y el arrepentimiento. De modo que, en relación con la cuestión de las capacidades «no explotadas» del ser humano y de su relación con alcanzar el yo superior, se abre ante mí efectivamente una interesante pregunta a la que responder.

Dejadme que comience con una suposición muy básica: todos vosotros sois seres energéticos, integrados por una compleja estructura celular. Y lo que da vida o aliento a esa estructura es la *consciencia*. Esta es la esencia de lo que realmente sois y a menudo se hace referencia a ella como alma.

Esta consciencia es la verdadera fuente subyacente de energía de todas las cosas. Piensa por un momento en los dispositivos eléctricos de tu casa. La TV tiene un aspecto muy distinto al de la tostadora y el calefactor tiene una función diferente de la lavadora, pero todos funcionan usando la misma energía eléctrica que has instalado, de modo que pueda ser compartida por todos estos aparatos. La energía que te permite caminar por ahí sin un cable de conexión es comparable a la que discurre por la red eléctrica y que alimenta todos esos dispositivos: a saber, fuerzas electromagnéticas. Ahora puedes descomponer esta palabra en *electro*, que significa que tiene una corriente energética, y *magnética*, que hace referencia a una carga positiva o negativa que atrae una energía similar.

Pero volvamos por un momento atrás y pensemos que la electricidad que alimenta la tostadora proviene de la corriente de nuestra casa, que procede a su vez de un cable conectado a una subestación que abastece de electricidad al barrio, el cual recibe suministro eléctrico de una central generadora de electricidad, en conexión a su vez con alguna fuente principal de producción de electricidad conectada a la fuente natural: el sol, el viento, el movimiento del agua a través de una presa o el consumo de algún tipo de combustible. Toda la energía se origina a partir de alguna fuerza natural viva, y se trata de la misma energía que está en ti y a tu alrededor.

Esta energía es constante y ajena a los conceptos humanos de tiempo y espacio. No puede ser destruida; todo cuanto hace es transformarse en otra forma. De modo que, si todas las cosas emanan de la misma fuente de energía, entonces ¿cómo puedes estirar o detener el tiempo a tu voluntad y crear un futuro en la línea de lo que deseas? Las respuestas a esto son mucho más sencillas de lo que puedes imaginar, y lo digo porque ya estás usando muchas de estas técnicas, aunque todavía no te hayas dado cuenta.

Tu percepción de la energía que estás empleando determina tu perspectiva del tiempo. Cuando te divierte lo que estás haciendo y tu vibración es alta, el tiempo parece pasar más rápidamente. Puede que pienses que el reloj avanza siempre a un ritmo constante y que la impresión de que el tiempo pasa más deprisa es solo una ilusión, pero es el tiempo *en sí mismo* lo que es una ilusión. En esta misma línea piensa en cómo te sientes cuando tienes que hacer algo que no te divierte. Seguro que recuerdas haber pasado algún día en el que las agujas del reloj parecían no moverse. Piensa en el dicho «olla vigilada nunca hierve»: esto ocurre porque te quedas mirando la olla con anticipación y deseo, y parece que el tiempo no pasa lo suficientemente deprisa. Pero una vez más, ¿no te ha ocurrido alguna vez que accidentalmente se te ha quemado una comida en el fuego porque te entretuviste con algún otro asunto y el tiempo pasó sin darte cuenta?

La mayor parte de vosotros estaréis de acuerdo con la frase «el tiempo vuela cuando uno se divierte» y tal vez también con otra que dice «la alegría es fugaz». Con ello quiero decir que cuando te encuentras en un estado de alegría, tus vibraciones son tan altas en esos milisegundos, segundos, minutos u horas que ni tan siquiera eres consciente de que el tiempo pasa. Te encuentras envuelto por la *energía* de la experiencia y no por el tiempo. Ahí reside precisamente el secreto de cómo podéis emplear el tiempo para vuestro bienestar y en vuestro beneficio general.

Todo comienza con un pensamiento. Comienza con un pensamiento sobre algo que te hace feliz, algo que te aporta alegría. Piensas en ello y sonríes y después mantienes la energía de esa sensación hasta que empiezas a sentir que la sonrisa crece por sí sola y el pensamiento alegre se transforma en otro pensamiento alegre. Entonces permites que ese nuevo pensamiento alegre entre en tu mente e intencionadamente sonríes con ese pensamiento, hasta que este empieza a sonreír contigo. Y al tercer o cuarto pensamiento de alegría que te viene a la mente, te das cuenta de que tu estado emocional ha virado hacia un lugar de alegría y, al hacerlo, el tiempo empezará a virar con él. Aquello que vibra más deprisa mueve el tiempo más rápidamente, a su son. No quiere decir esto que una persona alegre pueda hacer que el sol salga o se ponga más deprisa. Sin embargo, la alegría que sentirá entre esa salida y esa puesta de sol será tan sublime que percibirá que el tiempo ha pasado en un abrir y cerrar de ojos.

¿No te ocurre esto con tus hijos? A menudo os oigo decir que en un pestañeo vuestros niños han pasado de ser bebés a casarse y a tener sus propios hijos. Aun así estoy segura de que la frase «la alegría es fugaz» no es la que te debe venir a la cabeza cuando tu bebé está despierto toda la noche llorando o tu hijo adolescente te dice que acaba de destrozar el coche. Cuando te encuentras en la vibración de ese momento, el tiempo parece infinito. Pero en el primer recital de la escuela, en sus fiestas de cumpleaños, en la graduación del instituto y, con toda certeza, el día de su boda o cuando se marchen de casa, sentirás como si su vida entera pasara delante de tus ojos y pensarás que el tiempo ha pasado volando.

De modo que siempre que tengas entre manos una tarea que te haga sentir que no soportas tanto tedio, piensa en las cosas alegres de tu vida. Te sugeriría incluso que comenzaras a llevar un diario de recuerdos inspiradores a los que puedas recurrir cuando parezca que el tiempo te aplasta.

En cuanto a traer información del futuro y alinear intención y manifestación, las cosas funcionan de forma similar. Como la energía que atrae energía. Para traer del futuro algo que te gustaría —es decir, el potencial de tu manifestación creativa— has de saber con seguridad dónde está actualmente esa energía en tu vida. En otras palabras, debes ser consciente de esas cosas de tu vida presente que te aportan alegría; después da un paso más y aplica tus intenciones, todos y cada uno de los días, para abrir tus deseos dominantes al descubrimiento de la alegría en cada momento y en cada experiencia del día a día. Celebra también las alegrías de los demás, porque al celebrar la dicha de otra persona es como si vieras con total claridad que hay más que suficiente para todos.

Cuanto vives centrado en crear alegría, esto aumenta automáticamente tu energía creativa, porque si tu deseo general es crear alegría, tu energía se alimenta de esa alegría, que a su vez dispara tu proceso creativo.

Uno de los principales propósitos de las encarnaciones es el de conceder al alma la oportunidad de experimentar alegría, independientemente de la situación en la que se encuentre la persona. Esto no siempre resulta fácil, pero afortunadamente hay gente que dedica su vida a ayudar a otros en dicha tarea. Una de estas personas es **Jennifer Kass**, dedicada al *coaching* de felicidad y profesional de la comunicación espiritual, que ha querido compartir con nosotros información sin duda interesante sobre su misión de alma, en los siguientes términos:

> *Tuve una experiencia sumamente esclarecedora cuando hablé con Doreen Virtue en su programa de radio en 2012 y más tarde en una conferencia, en 2013. Ella canalizó mensajes de los ángeles dirigidos a mí y me dijo que tenía que cumplir una misión político-espiritual global. Su consejo fue que, como alma Índigo, aprendiera a cambiar el modo en que me relacionaba con el mundo, antes de tratar de cambiar el mundo. Desde tu punto de vista, ¿qué es lo más importante de todo lo que hacemos o experimentamos en esta vida, mientras estamos en un cuerpo físico?*

Querida Jennifer, cuando ayudas a la gente a alcanzar un estado de mayor felicidad y aumentas por consiguiente su vibración y la del planeta, estás contribuyendo a responder a tu misión político-espiritual-global personal, y esta pregunta me sirve para abordar el tema del modo en el que pueden hacerlo también otras personas. Como seres humanos, tendéis a no identificaros con el mundo, sino que os identificáis con sectores más reducidos del mismo, con los que interactuáis. Si preguntara a la mayoría de la gente quiénes son, probablemente obtendría respuestas del tipo: «soy una mujer» (o un hombre); «soy hija, madre y hermana» (o algún otro parentesco); «soy de Nueva York» (o de algún otro lugar); o «soy judía» (o de otra religión)». Podríais identificaros por vuestra clase social o por el trabajo que desarrolláis (corredor de bolsa, fontanero, etc.). Probablemente los términos descriptivos responden a aquello que la persona considera más importante. Muy pocos se identificarían a sí mismos como «habitantes de la Tierra». Las personas tienden de manera innata a sentir apego por su familia, su barrio, su ciudad, su país. Se sienten ligadas a su escuela, a la asociación a la que pertenecen o incluso a su equipo deportivo favorito. Pero la mayoría no reconocen conexión alguna con el planeta creado para ofreceros todas las cosas necesarias para que sobreviva vuestra forma física.

El planeta os proporciona alimento, agua, luz solar y el aire que respiráis. Incluso pone a vuestra disposición todos los recursos naturales que ahora utilizáis para producir la energía eléctrica que alimenta la asombrosa tecnología que habéis creado. Pero la mayoría no veis estas cosas como regalos que generosamente os brinda el planeta que os alberga. En lugar de ello, las identificáis con las empresas productoras de alimentos, suministradoras de combustible o abastecedoras de agua. Esta desconexión es una de las causas de los problemas de conservación de la Tierra, así como de la falta de conexión con los habitantes de otros rincones del mundo. Así pues, Jennifer, cuando contemplas la Tierra no como proveedora de todo lo que necesitas para vivir, sino más bien como un globo con líneas imaginarias que separan el lugar en el que estás tú de los lugares donde viven los demás, entonces no consideras a los *demás* como a *ti misma*, ni reconoces que todos dependéis de este mismo planeta.

Una de las cosas más importantes, que cualquiera puede entender como parte de vuestra vida aquí en el mundo físico, es que todo está interconectado. Sin particularizar en las manifestaciones ni en el trabajo de cada cual en el planeta, a decir verdad *cada persona* esta implicada en una misión política global y debe aprender a cambiar el modo en el que se relaciona con el mundo. La palabra mundo se refiere no al mundo que cada uno conoce individualmente, sino a todos y cada uno de los que viven en este planeta. Todos ellos son almas que han venido aquí para compartir esta experiencia y para ayudarse mutuamente a crecer. Ello significa que cualquier persona, sea cual sea su raza, su país y su situación económica, ha de ser considerada con el mismo amor y la misma compasión y comprensión que aquellos a quienes ya se ama. En definitiva, Jennifer, ello supone que, al rezar o meditar, sería conveniente que rezaras por cada ser del planeta y no solo por aquellos que conoces, y que lo hicieras incluso por aquellos que posiblemente percibas como enemigos o, en cualquier caso, como oponentes. Del mismo modo, cuando reciclas o cuando haces algo para preservar el medio ambiente, no solo estás preservando tu entorno o tu país, sino el planeta entero.

Tu medio físico no es solo tu cuerpo, sino que es todo lo que te rodea y que hace posible que tu cuerpo coma, respire y perciba belleza y paz. Estar en sintonía con tu alma y con el alma del planeta es una de las cosas más importantes que puedes hacer. Aprende a amar el mundo y ello te ayudará a amarte a ti misma como nunca antes habrías imaginado.

CAPÍTULO
3

EL CAMINO DE MENOR RESISTENCIA

> «Una de las equivocaciones más corrientes es la de pensar que la vida que estás llevando en este momento no forma parte ya de tu camino o de tu propósito en la vida».

«¿Cuáles son mi camino y mi propósito?». A lo largo de más de dos décadas, que es el tiempo que llevamos realizando sesiones de sanación Gerry y yo, esta es probablemente la pregunta que nos han formulado más a menudo. La respuesta concreta varía de una persona a otra, claro está, dependiendo de los deseos y objetivos personales de cada alma que llega a una encarnación en particular. Pero como ya he comentado en capítulos anteriores, las circunstancias y la dirección del plan de cada uno pueden cambiar en función de sus actos de libre albedrío y de la influencia de la familia, los amigos y las relaciones amorosas. Amado ser querido, resulta fácil decir que, dondequiera que te encuentres en la vida, ahí es exactamente donde has de estar, de manera que es fundamental que pases cada día expresando en forma de alegría y gozo la persona que eres. ¡Esta sería la respuesta correcta!

Pero quienes hacen esta pregunta no se sienten necesariamente satisfechos con esta afirmación. Lo que ellos realmente quieren es conocer la respuesta a lo que el alma pregunta: ¿cómo puede la experiencia de este cuerpo humano ayudar a mi alma a crecer del mejor modo posible y ayudar a otras almas a crecer también del mejor modo posible? La respuesta que os he dado funciona para expandir la energía del alma, pero me gustaría haceros algunas sugerencias sobre cómo aprovechar el poder de las experiencias ya vividas y sobre cómo identificar las posibles maneras de expandir la energía del alma y, al mismo tiempo, tu alegría terrenal. Al hacerlo identificaremos también posibles formas en las que crear trabajo acorde con tus deseos e intereses.

Una de las equivocaciones más corrientes es la de pensar que la vida que estás llevando en este momento no forma parte ya de tu camino o de tu propósito en la vida. Todo cuanto has estado haciendo desde el momento de tu nacimiento hasta ahora, mientras estás leyendo este libro, ha formado parte del diseño de tu alma para proporcionarte experiencias que pudieran ayudarte en tu camino. Los padres de los que naciste, la comunidad en la que vives, la religión que profesas y tu situación económica en el momento de nacer fueron todos aspectos que elegiste cuando creaste la plantilla del plan de crecimiento de tu alma.

En el año 2013 Gerry y yo creamos un curso de «asuntos de trabajo basados en el alma» para ayudar a las personas a identificar el trabajo que les aportaría alegría y les serviría de apoyo para llevar una vida dichosa. Como parte de ese programa, uno de los ejercicios que realizan los participantes consiste en elaborar una lista de los puntos fuertes y de las habilidades que han desarrollado a lo largo de su vida; al hacerlo, identificamos la trayectoria que su alma ha establecido. En el curso, pedimos a los participantes que consideren sus vidas en periodos de cinco años y que piensen en la gente y en las situaciones que les han ofrecido más amor y apoyo, así como en aquellas que les han supuesto un reto mayor. Después les pedimos que escriban lo que aprendieron y las habilidades que desarrollaron a partir de cada una de esas circunstancias. Por último, han de dar las gracias a las personas implicadas, tanto en los periodos de claridad como en los de oscuridad. Pues bien, a menudo se dan cuenta de que incluso han aprendido más de las personas que de algún modo les plantearon retos que de aquellas que les apoyaron.

Así pues, amado lector, si comienzas a contemplar tu vida desde esta perspectiva, es posible que vayas reconociendo un nuevo patrón. Se trata siempre de un patrón de crecimiento, aun cuando puedas no verlo así en un momento dado. El ser humano aprende de cada experiencia, incluidas aquellas experiencias que considera errores; de hecho, aprende *más* de estos.

Hablando de errores, mi analogía favorita procede de vuestras películas y de vuestros programas de televisión. Habréis oído pronunciar a los directores de cine las palabras «toma uno» al inicio de una escena que se va a grabar y habréis visto que el número de escenas va aumentando a medida que se van rodando toma tras toma. Lo que pretende el director es conseguir la mejor «toma» o versión de esa escena, para contar una historia. Las tomas que no son lo bastante buenas, que no reflejan la historia de la manera que ha imaginado el director, no serán utilizadas en el montaje definitivo de la escena. Estas tomas podrían considerarse «errores».

Lo mismo ocurre en tu vida. Imagina que tu yo superior es el productor de la historia de esta encarnación y que ha contratado a tu consciencia (que es la energía del alma que alimenta tu cuerpo) para que dirija tu actuación como personaje. El yo superior y la consciencia trabajan constantemente juntos en el improvisado guion de tu vida para ayudarte en la interpretación de este papel llamado «tú». Al realizar el ejercicio de recordar a tus defensores y a tus detractores y lo que aprendiste de todos ellos, serías como un actor que estudia el guion para comprender qué le ha hecho ser quien es ahora y cuáles son sus motivaciones. Si tu motivación es experimentar tanta alegría como sea posible, entonces aplícala a la interpretación de ti mismo y se convertirá en parte de tu carácter, entendido como el núcleo de los comportamientos y de las creencias que componen el personaje «tú». En ocasiones, utilizáis la palabra «personaje» para describir comportamientos positivos que os parecen altamente deseables en una persona, tratándose a menudo de alguien alegre y lleno de vida.

De hecho, «todo un personaje con mucho carácter» es como describiría yo a **Pam Grout**, autora del libro *E-squared: Nine Do-It-Yourself Ener-*

gy experiments That Prove Your Thoughts Create Your Reality, publicado en español con el título E^2, *potencia tu energía: nueve experimentos que puedes hacer tú mismo y que demuestran que tus pensamientos crean tu realidad*, y que fue número uno en la lista de libros más vendidos del *New York Times*. La autora se describe a sí misma como alguien que cree que el mundo es un lugar hermoso, de gente noble y donde todo es posible. Su camino la ha llevado a explorar todos y cada uno de los continentes como escritora sobre viajes, antes de escribir un libro que ayudaría a la gente apegada a darse cuenta de que el ser humano puede crear su propia realidad y divertirse al mismo tiempo que persigue su propósito en la vida. Sus preguntas fueron maravillosamente propias de ella:

> *Uno de mis cuatro principales objetivos es la alegría constante. ¿Estoy tan loca como a veces piensa la gente que estoy? ¿Cómo podemos relajarnos todos un poco aquí en el planeta Tierra? ¿Cómo podemos pasárnoslo mejor?*

Si estar *loco* significa ser increíblemente divertido, ver diversión en cada cosa y esperar que cada nuevo día sea el mejor que has tenido nunca, ¡entonces sí, estás loca! Y creo que no me equivoco si digo que a la mayoría de la gente le gustaría tener en su vida un poco de esta «locura». Cuando construiste tu camino, Pam, deseabas dedicarte a algo que te permitiera hacer las cosas que te gustaban. Si te detuvieras a observar la trayectoria de tu alma, reconocerías que las tres cosas principales que te han proporcionado alegría han sido: viajar, escribir y compartir historias para permitir que otros sintieran tu alegría. Tus detractores te ayudaron a desarrollar tus sueños, tus seguidores te ayudaron a desarrollar tus aptitudes como escritora y el sentido del humor, y este camino trazó tu magnífica trayectoria profesional.

Existen una serie de gestos concretos que puedes hacer para «relajarte», como tú dices, y me gustaría compartir aquí algunos de ellos con todos:

—¡**Encuentra la alegría!** Incluso si sientes que no tienes nada por lo que sonreír, sonríe físicamente y sigue haciéndolo hasta que tu cerebro piense que debe existir una razón que te lleva a hacerlo. Ello activará las sustancias químicas que hacen que suceda de manera natural. Después ríe, aunque no haya sucedido nada gracioso. Tu cerebro llegará a la conclusión de que debes ser extraordinariamente feliz ¡y empezará a reírse contigo!

—¡**Mira hacia arriba!** Echa la cabeza hacia atrás y mira hacia arriba. Si hace mucho tiempo que no realizas este gesto, oirás algo así como un chasquido en tu cuello, y eso es bueno. Significa que alguna articulación se está desentumeciendo y que estás ganando algo de flexibilidad. Mirar hacia arriba influye también en tu química cerebral. La manera en la que llevas la cabeza determina el modo en que el cerebro piensa que te sientes, por no hablar de que estás permitiéndonos contemplar tu hermoso rostro.

—¡**Abre los brazos para recibir!** Una vez más, sé que es posible que pienses que esto es simplista, pero cuando estás preocupado o agobiado, tiendes a apretar los brazos contra el cuerpo. De modo inconsciente, tu cerebro está protegiendo tu corazón. Si abres los brazos mientras miras hacia arriba, es una clara señal de que estás preparado para recibir y sentirás cómo la energía entra en ti, ¡te lo prometo! No lo hagas durante un segundo; mantén los brazos abiertos hasta que sientas el cambio de energía. Puede que notes que una ligera sonrisa aparece en tu rostro o que empieza a afluir energía a tu pecho.

En ocasiones, aun cuando se toman iniciativas destinadas a aligerar la propia energía y aprender más acerca de cuáles pueden ser el camino y el propósito correctos, ocurre que algo parece «tirar de la alfombra» bajo los propios pies. Eso fue lo que en su momento le sucedió a *Stella Hu*, profesional de Gestión de Riesgos Empresariales de Toronto, Ontario, Canadá. Stella se dio cuenta de que, a veces, el cambio proviene del interior de la propia persona, pero que en otras ocasiones lo hace del exterior. Estas son las interrogantes que ella planteaba:

Recientemente mi puesto de trabajo ha resultado afectado por una reestructuración de la compañía y, al mismo tiempo, he puesto fin a una relación importante para mí. De alguna manera, siento que me encuentro en un momento de transición hacia algo nuevo ¿Cuál es el significado más profundo de esta pérdida para mí? ¿Me está recordando el universo que reordene mi vida? ¿Cómo puedo recibir orientación angélica de ahora en adelante? ¿Qué he venido a manifestar al nacer en este mundo?

Cuando la vida te sacude de repente, puede resultar difícil reconocer que realmente has sido tú quien ha orquestado estos cambios para hacer posible tu crecimiento o para liberarte de situaciones que no te estaban proporcionando alegría. Muy a menudo la gente siente en su interior una intensa emoción, que les viene a decir que están preparados para un cambio. Esta emoción es la voz del alma, que trata de guiaros en la dirección de algo que crearía una experiencia más dichosa para vosotros, al mismo tiempo que os permitiría aportar vuestra voz única y vuestras ideas al mundo para un bien mayor.

Esto es lo que sentiste tú, Stella, y lo que muchos otros que están ahora leyendo este libro sienten también. Pero a menudo el miedo se interpone en el camino de hacer las cosas que sabes que van en tu propio interés. Esto configura a tu alrededor un impulso/tirón de energía, y te dejas llevar por la inercia. Pero si tu deseo de conectar con tu alma y con su orientación es fuerte y pides la ayuda de los ángeles, encontrarás el coraje y el apoyo para poner fin a las energías que ya no te sirven y ser libre de moverte en nuevas direcciones.

Gerry se encontró en su vida en una situación similar a esta. Durante años, nuestro trabajo fue una labor secundaria para él. Gerry había trabajado en el negocio de la prensa diaria, en el que había empezado desde abajo y había ido ascendiendo, pasando de repartir periódicos por las casas en plena noche a informar sobre las reuniones de los consejos municipales y sobre los partidos de baloncesto, escribir obituarios y vender publicidad para ayudar a crecer a las empresas locales y al periódico, convirtiéndose más tarde en editor de la mayor compañía de prensa diaria en la capital mundial de la comunicación, la ciudad de Nueva York. Durante todo este tiempo, Gerry siguió adelante con esta otra forma de vida, en la que canalizaba mis mensajes y prestaba ayuda chamánica a personas de todo el mundo.

Por aquel entonces, Gerry no se daba cuenta de que todas las habilidades que estaba desarrollando en su carrera en el mundo del periodismo le estaban también aportando el conocimiento y la confianza necesarios para desarrollar esta labor conmigo. Como reportero de prensa, aprendió a formular preguntas. Las ventas le enseñaron a comunicarse con la gente y a darse cuenta de que ayudar a un negocio a crecer puede ser una situación en la que todos ganan, en lugar de meramente una competencia interesada. Al cubrir las información de deportes en las universidades y escribir obituarios, sintió la energía de la juventud de sus «mejores días» y pudo compararla con lo que la gente encuentra realmente importante ante la muerte; a menudo ello le llevó a reflexionar sobre cómo le gustaría ser recordado. La publicidad le dio a conocer en el mundo y le permitió llamar la atención de los lectores de sus periódicos sobre temas como la curación alternativa y la prestación de cuidados, así como sobre cuestiones medioambientales.

Aunque a Gerry le impresionaron las asombrosas coincidencias que se produjeron con la publicación de su primer libro, le seguía asustando la idea de pasar de trabajar a tiempo completo en el mundo de la publicidad a trabajar a tiempo completo en la difusión de nuestro mensaje. Quería con todas sus fuerzas que ello sucediera, de modo que nos pidió ayuda a los ángeles: y nosotros respondimos. Un día se encontró con que se prescindía de su puesto de trabajo, exactamente del mismo modo que cuenta Stella que le ocurrió a ella. Cuando sucedió esto, Gerry no solo precisaba desesperadamente tiempo para escribir este libro, sino que también necesitaba asegurarse de que estaría tan seguro trabajando en esta, su nueva dedicación, como en la anterior.

Muy a menudo, cuando a la vida de una persona llegan cambios que marcan una nueva trayectoria, se debe a que esa persona ha pedido a los ángeles que la ayuden a moverse en la dirección que conduce a una dicha mayor. La persona se encuentra de pie en su propio camino y su alma desea «empujarla» suavemente hacia la senda por la que ha estado preguntando todo el tiempo. De modo que, cuando te suceda esto, Stella, habla con tus ángeles y pídeles que te guíen, sabiendo que siempre contarás con apoyo si pides ayuda. Por favor, no te olvides de pedir ayuda a la legión de ángeles para elevar tus vibraciones. De este modo, oirás mejor la frecuencia de tu yo superior cuando comparta contigo una potencial «llamada superior».

Años antes de que Gerry hablara por primera vez conmigo, un amigo psicólogo y médium le predijo que iba a asociarse con alguien, en una relación que no terminaría nunca y que sería la experiencia más increíble de su vida. Aunque Gerry no habría pensado nunca que con quien iba a asociarse era con un ángel, sintió que tenía que hacer algo que podía cambiar el mundo. Siempre que le venían a la mente, este tipo de pensamientos le producían temor o le hacían evitar ese «viaje de su ego». *Cherie Ninomlya,* *coach* personal que vive en Chiba, Japón, conoce esta sensación demasiado bien. Estas son sus preguntas:

> *¿Cómo puedo enfrentarme al miedo cuando siento que tengo algo* *urgente que hacer en esta vida y que no seré capaz de identificarlo* *antes de morir? ¿Cómo podemos elevar nuestras vibraciones para poder* *oír a nuestros ángeles y guías?*

Mi primer consejo, querida Cherie, es que dejes de tener miedo a eso que sientes, y que no es otra cosa que tu llamada. El miedo es una emoción paralizante. Me gustaría demostrártelo exponiendo una historia que le ocurrió recientemente a Gerry.

Gerry se encontraba en una tienda con su novia, Gail, que iba a hacer una compra importante. Estaba tratando de tomar la decisión correcta, sopesando las características y las ventajas de cada una de las opciones que le gustaban. El vendedor, de manera lógica pero también agresiva, empezó a decirle que solo había tres factores que ella debía considerar: el aspecto, el precio y la comodidad del artículo. Pero Gail no toma decisiones de esta manera; en lugar de ello, usa todos los sentidos, tocando el producto, a veces incluso oliéndolo. Se comporta un poco como los caballos, que tanto le gustan, porque ellos también consiguen información mediante todos sus sentidos, a veces «inspirando» las señales que emiten las cosas que los rodean.

Entonces el vendedor dijo, de modo algo condescendiente, que Gail debía ser una perfeccionista y empezó a hablarle de las «tres pes», como él las llamó. Dijo que el *perfeccionismo* lleva a la *procrastinación*, es decir a la postergación de decisiones que deben atenderse y en función de la cual no se toma una decisión por miedo a equivocarse, lo cual conduce a su vez a la *parálisis* o, lo que es lo mismo, a no tomar decisión alguna. Pero una P de la que se olvidaba el vendedor es la de la *presión* exterior, de la que ciertamente él mismo estaba proporcionando una cantidad importante. Esta presión hace que las personas no puedan oír su voz interior. Los mensajeros internos de Gail tenían que procesar la información que ella estaba recogiendo a la velocidad impuesta por el vendedor. La información sensorial procesada por el sistema nervioso entérico (intestino) y central (cerebro) quedaba bloqueada por el conflicto entre el pensamiento «lógico» y el pensamiento «visceral», y Gail empezó de inmediato a desarrollar una migraña.

Estaba totalmente justificado que Gail se tomara todo el tiempo necesario para procesar la información como ella quería, mientras que el vendedor trataba de generar una sensación irreal de urgencia para cerrar la venta y calmar su propia impaciencia. Sin embargo, la situación puede ayudar a comprender aquello por lo que se pasa cuando sientes que hay algo urgente que deberías hacer (una sensación de impaciencia que tú mismo estás creando). Tu lógica, Cherie, puede entrar en conflicto con tus pulsiones más viscerales y es posible que tus miedos estén imponiéndose a la confianza en tu alma. Existe esa voz en tu interior —tal vez tu ángel, tal vez tu *yo superior*— que te pide que te permitas a ti misma abrir los sentidos para oír lo que se te dice. Tú lo intentas, pero es posible que no confíes plenamente en tus sentidos cuando recibes mensajes, porque no quieres equivocarte. Sigues esperando hasta que el mensaje es innegable. Mientras tanto, te van llegando todo tipo de presiones procedentes de tu entorno: no prestes atención a ese sueño imposible;

existen cosas reales de las que tienes que ocuparte. Ese conflicto provoca una sensación de «parálisis energética» dentro de ti que convierte lo que comenzó como un ligero aviso de tus ángeles en una sensación de urgencia imaginada.

La energía de la urgencia se produce solo en ti porque estás trasladando al tiempo físico tu propósito personal, o algo que estás tratando de llevar a cabo. Tu alma sabe que no existen fronteras temporales ni modo de equivocarse; todo sucede en el momento correcto y apropiado. Cuanto sientes premura, Cherie, ello te ayuda a abrirte a tus ángeles y a pronunciar la siguiente aformación: «¡por qué me resulta tan fácil saber, en lo más profundo de mi ser, que todo se abre ante mi exactamente en el momento correcto!». Si sigues teniendo problemas, te sugeriría que echaras un vistazo al curso de ángeles y chamanes de Gerry, que te ayudará a alcanzar mayor estabilidad y a aprender a abrirte a la comunicación con tus ángeles.

La sensación de urgencia de Gerry en relación con la realización de este libro es una prueba más de que todo sucede en el momento adecuado. Yo traté de tranquilizarle en el sentido de que todo saldría bien, pero le preocupaba que el flujo de información que partía de mí fuera lento y a veces incluso tenso. Después se dio cuenta de que no habría podido incluir en el libro experiencias recientes, como la visita de Gail a la tienda, si lo hubiera terminado antes.

Cuando sientas que te cuesta recibir el flujo, ello no quiere decir que el flujo esté obstaculizado. A veces ocurre simplemente que llega a ti procedente de una dirección distinta. A veces llega por la «vía de menor resistencia».

¿Qué ocurre si se ve en otra persona algo que, sin embargo, esa persona no es capaz de ver o que, aun viéndolo, no hace nada para sacarlo a relucir? ¿Es posible ayudar a otros a encontrar su camino y su propósito? Se trata de un dilema frecuente entre muchas personas dedicadas a la aplicación de artes de sanación, así como entre padres, asesores personales, médicos, entrenadores personales y educadores de todo tipo. Voy a dejar que nos lo explique con sus palabras *Tina Sanchoo*, reconocida *coach* personal que vive en Nueva York:

> *Como coach personal, ayudo a las personas a alcanzar su más alto potencial y a menudo me doy cuenta de que me entusiasmo con el potencial de una persona más que la propia persona interesada. Con el tiempo soy capaz de cambiar eso, pero ¿existe una manera de ayudar a mis clientes a activar esa energía más rápidamente?*

Estoy segura de que muchas personas que lean este libro se sentirán identificadas con esta preocupación. Puede que sientan que su hijo o su hija está desaprovechando sus habilidades. O es posible que sea supervisor en su empresa y pueda ver mucho más potencial en los trabajadores del que ellos mismos ven. Puede ser incluso que esté implicado en una relación y esté intentando convencer a la persona a la que ama de que habría que usar aptitudes que ninguno de los dos sabe ni tan siquiera que tiene.

El problema es que los demás no se ven a sí mismos a través de los ojos de los demás. Se ven a sí mismos solo a través del prisma de su propia experiencia. Han escrito su historia de un modo muy diferente de como lo habrías hecho tú, querida Tina, porque tú ves en ellos el potencial que ellos no pueden ver. Es posible que una persona se haya pasado la vida oyendo decir que no tenía talento o recibiendo el consejo de aplicar solo sus aptitudes a cosas que garantizan éxito o seguridad. En estos casos es fácil comprender por qué es menos probable que esa persona reconozca los atributos únicos que tiene y que podría ofrecer al mundo.

Recuerda también que, del mismo modo que la energía ejerce atracción, a menudo tú atraes a clientes que tienen aptitudes similares a las tuyas; o puede que posean características que a ti te gustaría tener. Cuando alguien se acerca a ti con aptitudes que te gustaría tener, ves automáticamente el potencial en él, porque tú ya sabes lo que podrías hacer con esos dones.

Muchos maestros utilizan el ejemplo de Abraham Lincoln, nacido en el seno de una familia muy humilde, para demostrar que cualquiera, aun con escasos recursos, está en condiciones de alcanzar el éxito. Si quieren utilizar un modelo de éxito más moderno es posible que hablen de Oprah Winfrey o de Steve Jobs. Pero el modo más rápido de que alguien se entusiasme con su «camino potencial» consiste en darle a conocer historias de éxito de gente con antecedentes similares a los suyos o con una situación actual parecida a la suya. No tiene por qué ser alguien con quien hayas trabajado personalmente; puedes hacer una pequeña búsqueda en Internet, Tina, para encontrar los casos apropiados. Cuando una persona sabe que existen otras personas por ahí muy similares a ella y que han alcanzado el éxito, esto le ayuda realmente a transformar el sistema de convicciones sobre su propio potencial.

Si encuentras cosas en común en otra persona que empezó como tú y ahora lleva una vida de éxito, es posible que esta constatación active tu sentido del potencial, porque *ves* que puede hacerse. ¡Descubrir y vivir el camino y el propósito de otro no es un sueño imposible de alcanzar!

LAS VIBRACIONES Y EL PROCESO DE MANIFESTACIÓN

«La primera parte de ser capaz de manifestarse de manera consciente consiste en darse cuenta de que esa manifestación ya está en curso».

Cuando una persona acepta que ha manifestado ya la energía que creó la vida que está viviendo en ese momento, a menudo nos pregunta a los ángeles: «¿cómo puedo cambiar lo que estoy manifestando para crear una vida que refleje lo que deseo?».

La primera parte de ser capaz de manifestarse de manera consciente consiste en darse cuenta de que esa manifestación ya está en curso. La persona se encuentra actualmente en un camino que le permite adquirir las habilidades y los conocimientos necesarios para aportar al mundo su energía única, y el trabajo que realiza es parte de ello. Desde el momento del nacimiento, esa persona está activamente implicada en el trabajo conjunto con otros para crear la historia de su vida, pero hasta que sea plenamente consciente de que ella misma es la autora, seguirá creyendo que Dios, o algún otro «escritor anónimo», controla su historia y que lo único que ella hace es dejarse llevar por la corriente.

Una de esas personas que ayuda a otras a reescribir la historia de su vida es *Tiffany Nightingale*, asesora de terapia narrativa que reside en Hamilton, Nueva Zelanda. Tiffany plantea las siguientes interrogantes:

> *Cada día soy más consciente del poder que subyace al modo en el que cada uno narra su vida. El desarrollo de la consciencia de estas narraciones tiene un poder sanador, como también lo tiene el tomar las riendas de los relatos que contamos para convertirnos en los verdaderos autores de nuestra propia vida. Esta consciencia nos permite abrirnos a una rica fuente de transformación, a mí y a la gente a la que ayudo. ¿Qué tipo de conocimiento es este que crece en mi interior? ¿De qué modo puede incrementar mi capacidad para ayudar y para sanar?*

Todo lo que hacéis como seres humanos se basa en las historias que creáis en vuestras vidas. Querida Tiffany, cada día llegas al trabajo, cuentas historias que te han pasado en casa y, cuando llegas a casa, cuentas historias del trabajo. Escuchas canciones, que son historias acompañadas de música. Ves películas y programas de televisión que cuentan experiencias de otros, ya sea reales ya sea de ficción, e incluso tienes canales dedicados solo a un determinado tipo de historias. El relato de tu pasado como civilización se cuenta en forma de leyendas y de la propia disciplina de Historia, mientras que científicos y médiums ofrecen relatos sobre lo que sucederá en el futuro.

Los humanos también construís narraciones sobre vosotros mismos. Es posible que os contéis a vosotros mismos la historia de cómo no habéis tenido éxito porque no teníais unos padres ricos que os ayudaran, como les ha ocurrido a otros, o la historia de lo mal que está el asunto de salir con alguien en este mundo, lleno de gente superficial que no quiere ni dar una oportunidad a personas como tú. Puede que tengas una historia sobre cómo los niños, la música, la comida y todo lo demás eran mucho mejores cuando eras joven. Junto con todo esto, también es posible que te cuentes a ti misma historias en las que no eres lo bastante buena, rica o hábil para ser lo que te gustaría ser. La mayor parte de los seres humanos llenan su vida con este tipo de historias.

En tu vida como ser humano abundan relatos en cada momento del día, porque esta es la manera en la que se recoge y difunde la información. De manera que es importante tomar nota del tipo de historias que estás contando y centrarte en las correctas. ¿Qué dices y piensas sobre ti misma y sobre los demás? ¿Son historias tristes? ¿Historias de sufrimiento? ¿Están pensadas para hacer que otra persona sienta temor o ansiedad? ¿Cuentan cosas dañinas sobre otros? ¿O estás contando historias divertidas, historias inspiradoras, informativas, provechosas o de amor? Cuando comiences a darte cuenta del tipo de historias que cuentas, tendrás un mejor sentido de cuál es la energía global que te atrae, y que tú atraes.

Si deseas cambiar la energía que estás atrayendo, comienza por cambiar tu relato. No obstante, la calidad y la habilidad del narrador influyen también en el poder que encierra el relato. Imagina que dos personas cuentan la misma historia: una persona habla de un modo soso y aburrido. Aunque los hechos son transmitidos, no hay nada que quieras volver a oír. Entonces la otra persona vuelve a contar la historia con una voz llena de pasión y color, entretejiendo los detalles en una experiencia emotiva y personal. Puede que incluso haya añadido un poco de humor, que te permite percibir cierta esencia de alegría, de modo que te sientes implicado en la experiencia, aunque sea problemática. Cuando esa persona habla, sintonizas para no perderte ni una palabra y quedas a la espera de su siguiente relato.

Dado que las historias que cuentas definen la vida tal y como tú, Tiffany, la ves, la clave para llegar a ser un maestro de la manifestación consiste en convertirte en una experta narradora. Recuerda que todo se crea a partir de una estructura celular, de modo que si compartes relatos positivos, inspiradores e informativos, estarás avanzando hacia células manifestadoras, que te pondrán en la senda de experiencias positivas, inspiradoras e informativas. Cuando compones un relato, los detalles sacuden el campo de energía en el que nosotros los ángeles ayudamos a crear materia a partir del pensamiento. Entonces un juego de las células del pensamiento que componen tu historia atrae a otras células que desean contar el mismo tipo de historia. Después otras células se unen a esas, hasta que llega un momento en el que tu relato ha creado una estructura celular más densa y se convierte en una *forma pensada*, en materia creada a partir del pensamiento.

El siguiente ejercicio resulta magnífico para realizarlo con una persona de confianza que comparta tus ideas. Contaros por turno lo maravillosa que sería la experiencia de tener las cosas que os gustaría manifestar en la vida. Describe los detalles en toda su riqueza, como si lo que tanto te gustaría que ocurriera se hubiera producido ya. Quizá desees grabarte para poder luego revisar tu mensaje; siente al escucharlo si te produce entusiasmo. El universo responde del mismo modo que tú frente a un relato interesante, de manera que cuanto más entusiasmo muestres en la creación y la exposición de tu relato, mayor será tu poder de manifestación.

¿Qué ocurre cuando se ha estado intentando crear un estilo de vida basado en el amor y el aprecio por uno mismo y por los demás, pero, a pesar de lo positivo que se seas o de las iniciativas que se tomen, parece imposible avanzar en la dirección adecuada hacia esa manifestación? *Amanda Bingham*, coordinadora de programas temáticos de televisión en Uxbridge, Ontario, Canadá, plantea las siguientes interrogantes:

> *¿Puede suceder que, a partir de un determinado momento, no sea posible ya recuperar las vibraciones perdidas? Imaginemos por ejemplo que se ha pasado por numerosos episodios desafortunados a lo largo de la propia vida. ¿Se puede llegar a cierta edad (yo tengo 49 años) y seguir atrayendo sucesos negativos o, lo que es peor, no atraer nunca aquellos que realmente deseas? ¿Qué ocurre si sucede esto aun cuando eres plenamente consciente de tus pensamientos y los cambias para que sean solo positivos? ¿Seguirán las vibraciones negativas haciéndote la vida imposible? Si es así, ¿qué puedo hacer al respecto para mantener a raya esas vibraciones y alcanzar el éxito en la vida?*

Muchas personas se sienten atascadas en la vida y reproducen siempre los mismos patrones negativos. Hacen todo lo «correcto», intentan con todas sus fuerzas cultivar una mentalidad positiva y, aun así, son incapaces de avanzar. Ello sucede por una situación conocida como *pérdida de alma*. Cuando pierdes parte de tu energía personal, eres incapaz de funcionar con tu máximo potencial y atraes energía similar a la energía que provocó la pérdida de alma en un principio. Prácticamente todo el mundo sufre cierto grado de pérdida de alma.

Esto puede parecer algo difícil de creer para una mente lógica, pero por favor, Amanda, permite que te lo explique desde el punto de vista de la sensibilidad terrenal. Comencemos por una verdad tan básica como la de que existe una energía que reside en ti y que te mantiene vivo. Esta energía de fuerza vital, conocida también como tu alma o tu consciencia, es una pequeña parte de esa energía mayor que es tu yo superior.

Todo cuanto experimentas es procesado por el cuerpo, absorbido por la consciencia y después cargado hasta el yo superior. Sin embargo, en una situación muy traumática, la energía de la experiencia puede moverse tan deprisa que se escapa a través del aura (el espacio energético que rodea tu cuerpo) y vuela al tiempo y al espacio de alrededor. En otros casos, tu cerebro prevé un trauma y de manera intencionada envía energía consciente a un «lugar seguro», de donde más tarde podrá recuperarla. En cualquier caso, cuando en una determinada situación la persona percibe una sensación de absoluta impotencia, se produce por un momento pérdida de alma, lo cual da lugar a una fuga extrema de energía a través del plexo solar. Algunas personas han descrito esta sensación como algo parecido a recibir un puñetazo en el estómago.

La pérdida de alma crea un vacío en tu energía de fuerza vital. Es un hecho de la física que la energía siempre trata de llenar un vacío y que atrae una energía similar. Dado que la pérdida de alma crea un vacío, tú seguirás atrayendo una energía similar a la que creó ese vacío. Esta es la razón por la cual la gente reproduce patrones de conducta, incluso cuando intenta hacer todo lo posible para romper el ciclo. No se trata de un fallo en sus actos o sus pensamientos; se trata de la energía que está siendo atraída hacia el vacío.

Dado que el vacío atrae la energía de experiencias similares, ello da lugar a repetidas ocasiones de pérdida de alma. Cuando ello sucede, querida

SI PUDIERAS HABLAR CON UN *ÁNGEL*

Amanda, la energía de tu alma, la fuerza de tu vida, se agota. Para comprenderlo, piensa por un momento en la batería de tu móvil. Cuando está totalmente cargado, puedes usarlo a plena capacidad. Puedes descargarte una película o música al mismo tiempo que tomas fotos, hablas y mucho más. Pero cuando la carga de la batería está a punto de agotarse, son cada vez menos las cosas que puedes hacer. Finalmente el móvil te avisará de que la batería está demasiado baja y te impedirá hacer cualquier cosa, para preservar la carga que te queda.

Tu cerebro actúa de este mismo modo cuando se trata de realizar un seguimiento de la energía de tu fuerza vital. Se necesita bastante energía para poner en funcionamiento el cuerpo; existen muchos sistemas que requieren apoyo. De modo que cuando estés escaso de energía del alma, tu energía física también se agotará. Tu cerebro tratará de limitar las actividades que pueden llevarte a una situación en la que no tengas pleno control de tu energía, o en la que podrías quedar indefenso. Muchas personas que sufren un importante agotamiento de energía del alma experimentan insuficiencia suprarrenal, pues el cuerpo se halla continuamente sometido a estrés. Otras desarrollan trastornos de pánico, porque el cerebro trata de evitar que la persona haga cualquier cosa fuera de control. Una pérdida importante de alma puede también dar lugar a adicción, del mismo modo que la adicción puede provocar una mayor pérdida de alma. Todas las personas que sufren un trastorno de estrés postraumático experimentan los efectos de la pérdida de alma.

Lo maravilloso es que las piezas del alma no se pierden, y que pueden recuperarse. Aquello que ha podido perderse en un periodo traumático de la vida puede recuperarse en unas horas. Las mismas prácticas chamánicas que permitían recuperarse a los habitantes primitivos del planeta permiten hoy a los sanadores recuperar la energía perdida mediante el proceso de *rescate del alma*.

Los chamanes utilizan un estado similar al de trance llamado «viaje chamánico» para tender puentes a través del espacio y del tiempo. Localizan las razones y el momento en que se produjo la pérdida de alma y, con el permiso de su cliente, rescatan esas piezas. Existen chamanes por todo el mundo que realizan este trabajo. Yo he ayudado a Gerry a recuperar piezas del alma durante 25 años. Puede hacerse en persona o a distancia, es decir por teléfono o por Internet, de modo que la gente puede recibir ayuda desde cualquier parte del mundo. Actualmente Gerry está enseñando a otras personas a hacerlo, porque la necesidad en este ámbito es importante.

Por desgracia, la pérdida de alma da lugar también a que ciertas convicciones queden arraigadas en el sistema de creencias inconscientes de la persona. *Tessa Sayers*, que vive con un grupo de indios chippewa en la reserva de las Montañas Tortuga, en Dakota del Norte, plantea las preguntas siguientes:

> *Todo el mundo dice que cuando cambias tus creencias, cambias tu vida, de manera que ¿cuál es el mejor modo de cambiar esas creencias subconscientes que parecen tan reales? Si crees realmente en algo, pero querrías cambiar esa creencia, ¿cómo puedes reelaborarla para convertirla en algo mejor? Por ejemplo, mi convicción de que debería ser capaz de superar todos mis miedos ha desembocado en la creencia enfermiza de que, si no soy capaz de superarlos, habré fracasado. Me presiono tanto a mí misma para remediar este tipo de cosas (mi miedo a volar, a estar sola, a hablar en público), que solo pensar en no conseguirlo me asusta.*

Si tienes miedos, por ejemplo, a volar, a hablar en público o a estar sola, puede que ello tenga relación con una pérdida de alma. En este caso, tu incapacidad para superar un temor no se debe a un fracaso por tu parte a la hora de manifestar el cambio en tu sistema de creencias. Se debe a la incapacidad del cerebro para escribir un relato nuevo, porque cree que te está protegiendo, que está preservando lo que te queda de energía del alma. Tu sensación de miedo, Tessa, se debe en realidad a que tu cerebro está evitando que hagas algo que podría dar lugar a una mayor pérdida de fuerza.

Si acudes a un chamán para que te ayude en el rescate del alma, tu alma hará el resto. Tiffany Nightingale cita una bonita frase del reconocido antropólogo Alberto Villoldo que creo que resume fielmente la labor de rescate del alma: «La tarea del chamán consiste en liberar la energía atrapada en nuestras historias, en nuestras heridas, y en transformar en nuestro interior esta energía en fuerza y comprensión, de manera que podamos recuperar nuestra alma».

Por favor, sé amable contigo misma y da las gracias a tu cerebro por tratar tan intensamente de mantenerte a salvo. No ha estado haciéndolo para hacerte daño, lo hacía porque te ama y porque quiere proteger tu cuerpo.

A algunas personas, su camino las lleva a ayudar a otras a manifestar su grandeza. Ayudan a la gente a crear la historia de su vida y el relato que su alma pretende contar al mundo, con objeto de ayudar a más gente a comprender su historia. Esto es precisamente lo que hace **Christine Kloser**, conocida como The Transformation Catalyst®, «catalizadora de transformación» y fundadora de The Transformational Author Experience®. Ha sido preparadora de miles de aspirantes a escritores, a los que ha ayudado a escribir, publicar y sacar al mercado sus obras, directamente y a través de programas *online*, proporcionando a autores emergentes una vía de expresión de su voz única y la consiguiente posibilidad de compartirla. El trabajo de Christine influyó en Gerry cuando estaba a punto de renunciar a escribir, de manera que es un honor responder a su pregunta, que es la siguiente:

¿Cuál es la clave para crear una vida de abundancia desbordante mientras se disfruta en una profesión próspera y con sentido?

Para mucha gente existe una gran diferencia entre lo que debe hacer una persona para ganarse la vida y lo que hace para dar sentido a la vida. Muy a menudo, esto tiene que ver con haber sido educado en el concepto de que el trabajo es solo eso: trabajo. Pero piensa en los trabajos a los que se aspira cuando uno es niño: ¿no son trabajos que parecen enormemente divertidos? Muchos niños dicen que quieren ser médico, bombero, policía, bailarina, estrella de la música o deportista. Son todos trabajos que suponen básicamente aventura y emoción, pero que también encierran un propósito mayor. Cuando eres joven, estás en contacto con lo que tu alma reclama: ¡un tipo de trabajo que te aporte alegría!

Muchos han hablado de la relación entre abundancia y ocupación, como en la frase memorable: «¡Haz lo que te guste y el dinero llegará!». Ello es en esencia cierto, siempre y cuando la consciencia de manifestación no se encuentre ensombrecida por el factor miedo. Querida Chistine, el factor miedo es el nivel de energía que gastas en preguntarte qué harás si el trabajo en el que has depositado tu pasión y el sentido de tu vida no te compensa económicamente. Si dedicas mucho tiempo a pensar en esto, estarás atrayendo mucha energía de este tipo. El miedo es el gran inmovilizador y el opuesto directo de la energía de la fe y de la confianza, de manera que si le das demasiada importancia se opondrá a tu energía de manifestación.

Gerry dejó que el factor miedo arraigara en él cuando terminó su primer borrador de *Messages from Margaret (Mensajes de Margaret)*. Detestaba lo que había escrito y comenzó a preguntarse por qué escribía. Pensaba para sí mismo: «El mundo ya tiene autores que hablan con los ángeles, e incluso con arcángeles. ¿A quién puede importarle lo que digan Gerry Gavin, un tipo de Nueva Jersey, y un ángel llamado Margaret? Además, incluso si encontrara algún sitio donde publicarlo, ¿cómo me las arreglaría para dar a conocer el mensaje al mundo?» De modo que dejó a un lado el manuscrito, casi seguro de que este sería el final de su proyecto.

Con un poco de orientación de los ángeles, Gerry dio con el Transformational Authors Program de Christine. En su curso, Christine presentaba a maestros que compartían historias de cuando ellos mismos se habían encontrado en la situación en la que se encontraba Gerry en ese momento. Y eso le hizo darse cuenta de que también él podía alcanzar el éxito. A Gerry le ayudó no solo la información práctica que recibió, sino también el enfoque más centrado que fue capaz de adoptar y la motivación que pudo por fin recuperar. Empezó de nuevo a confiar en sí mismo y entonces los ángeles, y el mensaje, le llevaron a las situaciones y a la gente a las que necesitaba llegar.

Si, amado ser querido, estás trabajando pero te gustaría cambiar de trayectoria, empieza por fijarte en las tareas que ya realizas y que guardan relación con aquello a lo que te gustaría realmente dedicarte. De este modo, empezarás a desarrollar las habilidades necesarias y, cuando llegue la ocasión, estarás listo. Por ejemplo, si eres un maestro de escuela y deseas convertirte en maestro espiritual, puedes conseguir una consciencia plena de los mecanismos que ayudan al niño a aprender. Si eres gerente en una empresa y te gustaría convertirte en *coach*, podrías comenzar por tomar nota de qué planteamientos ayudan en mayor medida a tus empleados a trabajar aprovechando su máximo potencial.

Intenta siempre crear abundancia a partir del lugar en el que te encuentras y no esperes que te venga del lugar hacia el que te diriges. Todos los días, miles de personas se encuentran en transición hacia un trabajo basado en mayor medida en el alma y ese numero aumentará solo si la gente sintoniza mejor con su alma. Lo principal es que abordes la vida con deseo apasionado. El deseo es lo que hace que las cosas sean reales. El deseo es lo que hace que te apasiones por aquello que más quieres en la vida. El deseo es lo que motiva la acción y la creatividad. De manera que, cuando quieras manifestar tu alegría, ¡sigue el camino de lo que más deseas!

CUERPO, SALUD
Y MEMORIA CELULAR

*«Las técnicas de sanación más poderosas permiten
evocar y liberar la memoria celular sin necesidad de
pensar de manera específica en ella».*

Llegados a este punto, espero haber explicado la naturaleza del yo superior y el modo en el que es preciso encarnarse para expandir la energía del alma. Es posible preguntarse por qué motivo hemos de encarnarnos en una forma de vida que comienza siendo pequeña y crece hasta alcanzar la madurez. Si la energía del alma se expande a través de las propias experiencias ¿por qué no encarnarse en una forma humana plenamente adulta y empezar de inmediato a hacer frente a los desafíos que la vida plantea? Pues bien, el crecimiento físico real del *recipiente* que se ha elegido para contener el alma es una de las formas en la que crece y se desarrolla la energía de esa alma. Se puede partir de una semilla, un huevo o un óvulo, pero, a medida que el ser se expande desde esa forma primigenia, se va atrayendo la energía de la fuerza vital externa, con objeto de crecer, tanto físicamente como en el plano energético.

En tal contexto, detengámonos por un momento a analizar la interrelación entre el alma y el cuerpo y lo que sucede cuando asumimos nuestra entidad física como seres humanos. *Lisbeth Hansen*, modista y diseñadora de moda de Santa Rosa, California, platea la siguiente pregunta:

¿En qué momento entra el alma en el cuerpo? ¿En el instante en el que se produce la concepción, durante la gestación o inmediatamente después del nacimiento?

Es esta una pregunta que se plantea a menudo en los debates terrenales, que espero ser capaz de responder y explicar de la manera más clara posible. Todo comienza cuando el yo superior de cada uno adquiere una porción de la energía del alma y establece planes para instaurarse en un nuevo ser humano. Cuando se crea la vida humana, el feto se desarrolla en el seno materno como parte de la propia consciencia de la madre y como parte también de la energía física materna. La fuerza vital humana se ve constantemente robustecida por la captación de energía del entorno a través de la respiración; sin embargo, un feto no respira. Su madre respira por él y le aporta la fuerza vital que le permite crecer y desarrollarse.

Durante este periodo de tiempo, el cerebro y el cuerpo registran referencias y recuerdos en el interior de la estructura celular en crecimiento, aunque el ser no puede considerarse aún una entidad individual autónoma. Podríamos decir, Lisbeth, que tú no eres todavía tú. En distintos momentos, el ser se va familiarizando consigo mismo a partir de la energía de la madre y de su nueva forma en evolución, emitiendo y captando la energía del alma a través del chakra del plexo solar materno, aunque sin establecer una residencia permanente de modo inmediato. El ser se ajusta a las restricciones que impone su entidad física e intenta determinar cuál es la magnitud de la energía del alma necesaria para mantener esa nueva y cambiante forma vital. La madre es consciente de la sucesión de esos momentos esporádicos y fugaces y percibe lo que lleva en su seno como un ser singular y único. Esta puesta a prueba del recipiente físico se hace más frecuente en las semanas finales de la gestación y se produce prácticamente a diario en los últimos días previos al alumbramiento, cuando el yo superior de cada cual evalúa la cantidad exacta de energía que será necesaria para el soporte vital del recién nacido. A continuación, cuando se respira aire por primera vez inmediatamente después de nacer, se capta la energía del alma única y específica de cada persona. Ese es el momento en el que el ser y la madre que lo ha engendrado pasan a ser energías conscientes singulares separadas. El cerebro y el cuerpo conservan los recuerdos celulares de la experiencia vital, y tal es la razón por la que muchas personas que han experimentado regresiones a la vida pasada perciben que su alma estaba ya presente en ellos durante su vida fetal. No obstante, la consecución del ser individual verdadero no se produce hasta en momento de la primera respiración independiente, ya fuera del seno materno.

El cuerpo que los humanos habitan presenta un sistema de comunicación altamente sofisticado cuya función es mantener en todo momento un estado de salud óptimo. Cada día el cuerpo habla y hace saber en qué medida afectan a su bienestar las diferentes acciones. Estas indicaciones pueden manifestarse en forma de ardor de estómago, cuando se comen determinados tipos de alimentos, o como deseo de tomar hidratos de carbono que repongan nuestra energía, tras haber sometido al organismo a una extenuante sesión de entrenamiento. Sin embargo, la forma de comunicación más destacada mediante la cual el organismo se expresa es el *dolor*. El dolor es el modo en el que el cuerpo te hace saber que en ti hay algo que está desequilibrado. Es posible que ese desequilibrio se deba a una lesión en una parte determinada del organismo o que la molestia sea un efecto secundario del propio proceso de curación corporal. No obstante, a menudo, el dolor es consecuencia de los intentos de la memoria celular de reclamar para sí la debida atención.

Para quienes no hayan oído hablar de la memoria celular, intentaré explicar en los términos más sencillos que sea posible en qué consiste. El cuerpo está formado por células, al igual que, en cierto modo, podría considerarse que lo están esta Tierra y todo el universo, entendiendo en este caso como tales las unidades morfológicas fundamentales de la materia. Cada recuerdo que se tiene —desde el momento en el que se es concebido y desde el seno materno hasta el momento de la muerte— queda almacenado en la estructura del propio cuerpo y en su aura, es decir, en el área energética que emana de él. Sin embargo, para que se comprenda con mayor claridad la noción de memoria celular, debo explicar primeramente la relación existente entre el alma y el cerebro.

A medida que el feto madura, el cerebro aumenta su tamaño y su capacidad operativa según se van reproduciendo todos los componentes de los cerebros de sus padres. Las almas colectivas renuevan la energía consciente del alma individual de modo que, a medida que se evoluciona como raza, se avanza más y más en el conocimiento colectivo de cada nueva generación. Ese es el motivo por el que un niño de 3 años es capaz de manejar recursos tecnológicos que desconciertan por completo a su abuelo de 80. Los más jóvenes están literalmente programados de forma innata para controlar y comprender funciones que, a los ojos de quienes las ignoran, parecen conocer de forma espontánea.

Cuando se nace y el cuerpo va madurando, el cerebro continúa almacenando recuerdos, generalmente en entidades celulares completas, que contienen tanto una memoria cognitiva (la memoria de lo que sucede) como una memoria emocional (es decir, el recuerdo de las emociones evocadas por cada suceso). La principal función del cerebro consiste en mantener el cuerpo en un estado de equilibrio, de manera que, cuando algo altera dicho equilibrio, el órgano cerebral intenta minimizar el daño, separando el recuerdo celular de un determinado episodio, de modo que las células que contienen memoria emocional se conservan en una parte del cuerpo, mientras que las que contienen memoria cognitiva se almacenan en otra área corporal. Como antes se ha indicado, otro modo al que el cuerpo recurre para proteger a las personas de los estados traumáticos es la pérdida de energía del alma.

Aunque este proceso ofrece protección a corto plazo, crea estructuras celulares inusuales. Las células se almacenan en lo profundo de los músculos o de otros tejidos, en general en lugares en los que es poco probable el contacto físico con ellas, por ejemplo, en las capas profundas de la pared abdominal o detrás de los omóplatos, en las articulaciones de los hombros. Sin embargo, dado que las energías iguales atraen a energías iguales, cuando se experimentan situaciones emocionales similares en la vida, las nuevas células de memoria se dividen y se unen a células similares, que a su vez se separan y se reproducen igual que hacen las demás células. Estas células «ocultas» no se adaptan a la estructura de otras presentes en el área en la que las primeras se almacenan, ya que no son células completas, y con frecuencia el cuerpo alerta a la persona de esta falta de adaptación por medio de la sensación de dolor.

Pensemos por un momento en las experiencias emocionales de la vida de cada cual. Es posible, por ejemplo, que los padres de una persona se divorcien cuando esta es todavía niño y que el padre, al que el pequeño quiere profundamente, abandone el hogar. La abrumadora emoción que este abandono supone hace que el cerebro del afectado separe las células de memoria cognitiva de las de memoria emocional, con objeto de intentar controlar en dolor físico y emocional. Más tarde, pasados unos años, la novia que el muchacho tiene en los años de instituto rompe con él para iniciar un romance con su mejor amigo. El cerebro reconoce la energía asociada al sentimiento de abandono de modo que, cuando separa la memoria en dos categorías, almacena las células correspondientes en los mismos lugares en los que se hallaban las células de memoria asociadas al abandono del hogar por parte del padre. Imaginemos que, en la existencia de esa persona, la desgracia vuelve a manifestarse de modo aún más trágico, pongamos por caso cuando su padre, su principal valedor y apoyo permanente a lo largo de su vida, fallece en un accidente de automóvil. Aunque, como es lógico, sabe que la situación es diferente, puesto que en este caso el alejamiento, ahora definitivo, no ha sido elegido de modo voluntario por parte del padre, el cuerpo percibe la energía de abandono como si se tratara de la misma contingencia. La sobrecogedora emoción asociada a este episodio atrae la atención hacia la memoria celular almacenada, lo que evoca percepciones de dolor físico o ansiedad en el cuerpo, en la medida en que este desea liberar una energía que no le aporta función positiva alguna. Aunque la molestia puede ser leve al principio, en ocasiones los avisos emitidos por el cuerpo son cada vez más y más intensos, si se ignoran o se atenúa su efecto mediante medicamentos. La memoria celular está muchas veces estrechamente asociada a la causa esencial de numerosas enfermedades físicas.

Un método que ayuda a las personas a liberar la memoria celular potencialmente generadora de dolor, ansiedad y estados de patología emocional es el *tapping* o golpeo, procedimiento consistente el golpear o masajear levemente los puntos de acupuntura o digitopuntura, en los llamados «meridianos», lo que también se conoce como técnica de libertad emocional (TLE, también EFT por sus siglas inglesas). Uno de los pioneros es este campo, **Nick Ortner**, realizó un documental y escribió un libro de notable éxito, incluido en las listas de libros más vendidos del *New York Times*, ambos titulados *The Tapping Solution*. El libro se editó posteriormente en español, con el título *La solución tapping*. Hace años, Gerry adquirió el documental, le encantó su contenido y comenzó a utilizar él mismo esta eficaz técnica. Por aquel entonces Gerry se acababa de convertir en editor de un grupo de periódicos de ámbito local en la ciudad de Nueva York, donde vivía Nick, por lo que decidió hacerle una entrevista para la sección de Salud y Medicina Alternativa de esos diarios, *Alternative Healthy Manhattan*. Lo que ninguno de los dos sabía es que, pocos años después, ambos serían autores de la editorial Hay House y que la voz suave de Nick estaría llamada a convertirse en una de las más autorizadas a nivel mundial en el ámbito del *tapping*.

Siempre deseoso de aumentar sus conocimientos sobre el proceso de sanación, Nick plantea la siguiente pregunta:

¿Es importante limpiar el pasado o solo hemos de centrarnos en el futuro positivo, ignorando los acontecimientos ya sucedidos?

De manera breve, podría decirse que la respuesta a esta pregunta es positiva para las dos opciones. Efectivamente, es importante limpiar la energía que se mantiene retenida, desde hace poco o desde tiempos pretéritos, aunque es igualmente relevante concentrarse en el futuro positivo. Dado que este planteamiento dual puede resultar confuso, conviene explicarlo más en detalle.

El cerebro almacena memoria celular en todo el cuerpo, de lo que resulta una potencial causa de molestias físicas, por lo que es razonable pensar que liberarse de tal energía sea importante para el mantenimiento de la salud física. Sin embargo, a veces los seres humanos están demasiado concentrados en las dificultades de sus experiencias pasadas y las utilizan como justificación de su actual estado de salud o de la naturaleza de la vida que viven. Ello hace que desaprovechen notables posibilidades de sanación y múltiples potencialidades de experimentar goce y alegría un día tras otro, cosa que sí harían si vivieran en el presente.

Cuando parte de una persona está focalizada en sus experiencias vitales negativas, es difícil tomar decisiones amorosas y compasivas sobre una determinada situación actual que permitan incrementar la propia vibración. La acción más productiva consiste en reconocer que, mientras que el pasado puede haber generado algunos de los elementos que conforman la situación actual, el verdadero poder personal, la capacidad de aprovechar la energía circundante, siempre se centra en el presente. Es preferible liberarse de los viejos patrones negativos a través del autoamor que por medio del arrepentimiento o el resentimiento, dado que lo apropiado es sentirse agradecido por aquello que la aplicación de tales patrones ha permitido aprender. Esta es la razón por la que las más potentes técnicas de sanación permiten evocar y liberar recuerdos celulares sin necesidad de centrar el pensamiento en ellos de modo específico. El hecho de rememorar experiencias dolorosas genera una energía emocional que atrae a la vida más energía del mismo tipo, en este caso negativa.

La técnica de golpeo o *tapping*, a la que antes hacía alusión, es una excelente forma de trabajo energético que cada cual puede practicar por sí solo. Actúa sobre los meridianos del cuerpo y utiliza el poder del chakra de la garganta para dar voz a las frustraciones, reconociendo y respetando el hecho de que nos amamos, nos apreciamos y nos aceptamos tal como somos. En esencia, cada persona se sitúa en el momento presente y mantiene una conversación con su propio cuerpo, en la que escucha y habla en voz alta sobre el dolor, al tiempo que golpea los puntos de acupresión en sus meridianos corporales, que se interconectan con cada una de las partes del sistema nervioso central y, en consecuencia, enlazan con la energía y la liberan.

En ocasiones, el *tapping* sirve para poner de manifiesto que el dolor permanece en realidad oculto. Una de las secuencias más emotivas del documental *The Tapping Solution* es la que recoge la historia de un veterano de la guerra de Vietnam que descubre que el origen del dolor debilitante que ha venido devastándole durante años, pertinazmente resistente a todo tipo de tratamientos, intervenciones quirúrgicas y medicamentos, corresponde en realidad a los recuerdos dolorosos encubiertos de la época de la guerra. Tras utilizar la técnica del *tapping* para entrar en contacto y comunicarse con su dolor y para liberarse de esos recuerdos, sus dolores desaparecieron y, según se narra en el documental, no han vuelto a manifestarse. Además, ahora su vida está más llena de júbilo y placer y sus relaciones personales han mejorado, una vez liberado de su sentimiento de culpa por sus acciones en combate.

Sin querer criticar otros tipos de terapia de conversación, hay que decir que, en ocasiones, una persona puede percibir que algunas de estas terapias quedan atascadas en las emociones del pasado si no se aplican junto con técnicas que permitan liberar la energía de los recuerdos. No es posible crear energía solo a partir de pensamientos del pasado. Los sentimientos de lamento, arrepentimiento o aflicción no cambiarán una situación que ya se ha producido. Tal es la razón por la que es tan potente la capacidad de curación del hecho de concentrarse, no tanto en un futuro positivo, como en un presente positivo.

Ciertamente, ello no presupone que no se deban contemplar objetivos, aspiraciones o sueños proyectados hacia el futuro, puesto que esos mismos anhelos son los que proporcionan motivación para las acciones y los pensamientos del presente. Sin embargo, las ideas positivas sobre el futuro no producirán un efecto manifiesto si no se deja que esa misma esfera de razonamiento positivo circunde los pensamientos del presente. Como ya se ha dicho, el presente es el único lugar en la vida en el que se es poderoso desde el punto de vista energético.

Cuando Nick Ortner decidió hacer su película *La solución tapping*, confió en que su corazón y su intuición le sirvieran como guía y le pidió a su hermana, **Jessica Ortner**, que se encargara de realizar las entrevistas a las personas que en ella aparecen. Su convicción, su dedicación y su sinceridad se hacían patentes en el documental, así como en las entrevistas que posteriormente realizó en el curso de la preparación de la Cumbre Mundial del Tapping. En su libro *The Tapping Solution for Weight Loss & Body Confidence*, titulado en su edición en español *La solución tapping para bajar de peso (y quererte más)*, Jessica combina estas cualidades con la más absoluta franqueza al hacer referencia a su lucha personal por perder peso. La preocupación por la imagen corporal se refleja en las preguntas que Jessica plantea:

> *¿Cómo se puede crear una relación basada en el afecto y el apego con respecto al propio cuerpo cuando se siente que este nos deja desasistidos, por una enfermedad o, simplemente, por el exceso de peso? ¿Por qué es tan importante la estimación del propio cuerpo en el momento presente?*

El ser humano tiende a no crear relaciones de cooperación, ni con los elementos externos a su cuerpo, como el planeta y las otras personas, los animales y los recursos naturales presentes en él, ni con los que están presentes en el interior de su propio cuerpo. Así, por ejemplo, muchas personas dan por supuesta la integridad y la salud de su organismo. Cuando se mantiene una relación en la que se da algo por garantizado y se perciben súbitamente cambios inesperados, es probable que la persona se sienta en cierto modo traicionada.

Utilizaré un ejemplo que ilustra el motivo por el que esta sensación de traición resulta hasta cierto punto engañosa. Imaginemos por un momento a una mujer centrada en sí misma en el marco de una relación. La mujer no presta realmente mucha atención a su pareja, que acaba de aceptar un puesto de trabajo muy bien remunerado en otro país (suelo utilizar este ejemplo para ilustrar en cierta manera lo que podría denominarse una relación de tipo «ojos que no ven, corazón que no siente»). En este contexto, la mujer comienza a recibir puntualmente cantidades importantes de dinero sin que se le requiera nada a cambio.

Al principio se siente muy feliz y disfruta todo lo que puede de esos nuevos ingresos extra por los que se siente muy agradecida. No obstante, en poco tiempo, y como consecuencia de su naturaleza proyectada exclusivamente hacia sí misma, la mujer comienza a dar por supuesta y por garantizada la aportación de ese dinero. No siente necesidad de comunicarse con su pareja, que, no lo olvidemos, es el origen de su bienestar. De hecho, la mujer solo le hace algún caso cuando se queja por algún motivo. Cuando aumenta la magnitud de las quejas, solo busca soluciones para intentar acallarlo. A partir de un determinado momento, la cantidad y la frecuencia de los cheques que recibe empiezan a disminuir, por lo que debe reajustar su estilo de vida; pero la mujer continúa más preocupada porque las cosas vuelvan a ser como antes que por aquello que su pareja intenta comunicarle sobre cuáles son sus necesidades. Finalmente, el agotamiento y el estrés hacen que él se vea incapaz de continuar realizando su trabajo y ella se siente traicionada: «¿Cómo puedes hacerme esto a mí? ¡Tienes una responsabilidad para conmigo! ¡Yo cuento contigo y tú me dejas en la estacada! ¿Por qué no puedes volver a trabajar como lo hacías antes?».

No importa cuánto la quiera; él no puede reparar el daño por sí solo. Es entonces cuando ella se verá forzada a analizar su relación y las necesidades de él. Es probable que necesite recabar la opinión y la perspectiva de un experto —tal vez algún médico o terapeuta de algún tipo— que proponga formas de solucionar los problemas y conformar una nueva relación mutua más sana Solo así ella podrá comprender la importancia de amarlo, no por las cosas que pueda hacer en su favor, sino porque es su pareja y debe apreciar realmente *todo* lo referido a él, puesto que ambos están juntos y comparten algo más que el dinero.

Al igual que sucede en esta historia, los humanos son bastante propensos a dejar todo en manos de su propio cuerpo, pensando que se supone que está diseñado para ejercer sus funciones sin que haya que prestarle demasiada atención. Es fácil que la salud y la energía del cuerpo se den por supuestas, haciendo que se limite a prestar los servicios precisos de manera sistemática, sin que importe en qué medida se ignoran sus necesidades. El cuerpo se adapta a cualquier tipo de estímulo nocivo que se dirija contra él e intenta revelar cuáles son sus requerimientos a través de la ansiedad y el dolor. Cuando se hace caso omiso de estas advertencias, el organismo se ve obligado a incrementar el nivel de sus reacciones. Sin embargo, las personas suelen recurrir a métodos (médicos) que permiten enmascarar la magnitud de la queja que el dolor implica sin *hablarle* realmente al cuerpo, preguntándole «¿Por qué sientes dolor?».

Después de que sus solicitudes han sido desatendidas en exceso, el cuerpo ya no puede funcionar como lo hacía en el pasado. Y es en ese momento cuando la persona asume la idea de que en, cierto modo, su cuerpo la está traicionando, bien sea padeciendo enfermedades, bien aumentando de peso. Durante mucho tiempo ha dado por hecho que puede depender plenamente de su cuerpo, puesto que lo considera uno de los elementos más constantes y fiables de su vida. Y, sin embargo, el organismo precisa también que se le escuche. Las dos funciones humanas que requieren la mayor cantidad de atención son el sexo y la alimentación, ambas estrechamente vinculadas al placer y, aunque a veces no se perciba así, al autoamor.

Ello conduce a la segunda parte de la pregunta: «¿Por qué es tan importante la estimación del propio cuerpo en el momento presente?». El motivo es que el cuerpo ha alcanzado su estado actual gracias a sus percepciones de cuál es la mejor forma de querer a la persona, de protegerla y de satisfacer sus necesidades y sus deseos. Por ejemplo, incluso cuando la memoria celular de experiencias traumáticas produce dolor, este procede de los intentos del cerebro de salvaguardar el propio bienestar mental, *secuestrando* esos recuerdos en diferentes partes del organismo.

En ocasiones, el cuerpo llega a conformar una especie de almohadilla protectora que dificulta en la medida de lo posible el contacto accidental con esos recuerdos. Para ello se forman depósitos de grasa y tejido alrededor de las áreas en las que queda atrapada la memoria celular, con frecuencia en la zona abdominal, si bien esta memoria puede almacenarse en cualquier otra parte del cuerpo. Los intentos de reducir peso perdiendo estos depósitos de grasa y tejidos, se ven a veces frustrados por la ralentización del metabolismo o por otros medios habilitados por el propio organismo en su intento de proteger a la persona de esos recuerdos.

Por consiguiente, mientras que es posible que el cerebro y el cuerpo trabajen unidos para abordar acciones que consideren que expresan amor hacia la persona, esta puede no obstante sentirse infeliz y posponer la apreciación de la actual forma del cuerpo hasta estar curada o hasta haber perdido peso. Cuanta más atención se preste a los hechos que deben producirse y que se consideran necesarios para que la persona aprecie su cuerpo, mayor será el tiempo que transcurra hasta alcanzar la consecución de ese estado. Cuando en el momento presente no se experimenta gratitud por lo que se tiene, es posible atraer más de aquello que se desea. Por otra parte, si se le dan al cuerpo indicaciones en el sentido de que se piensa que está grueso o enfermo, el organismo continuará respondiendo del mismo modo que hasta entonces. Una vez que se acepta el hecho de que el estado presente y todo lo que se experimenta comenzó en su momento debido a que el cuerpo lo consideraba una forma de proteger y hacer feliz a la persona, habrá llegado el instante de empezar a amar al propio cuerpo. Al hacerlo, se le estará agradeciendo todo lo que ha hecho para proteger a la persona en el pasado y se favorecerá que cuerpo y persona comiencen a evolucionar poco a poco de manera conjunta.

Así pues, es preciso mostrar agradecimiento al cuerpo en su estado actual y apreciar en lo que vale todo lo que hace. Se le debe preguntar *cuál es* el mejor modo de escucharlo y de interpretar sus señales cuando las comunica. Para ello resulta de gran utilidad el trabajo de espejo. En importante mirarse al espejo y decirse a uno mismo «te quiero. Te quiero ahora y sin ningún tipo de condicionamiento. He puesto todo mi corazón en aprender a amarte tanto como tú me amas a mí».

No es posible esperar a amarse uno mismo hasta que se cumplan ciertas condiciones en el futuro. Baste pensar en el cariño y la ternura que se siente por un niño pequeño; esa es la pauta de referencia para amarse uno mismo en todas y cada una de las etapas de la propia vida. A un niño pequeño no se le dice «te querré cuando aprendas a hablar» o «no te querré hasta que no sepas andar». Nadie piensa que un bebé no sea merecedor de cariño hasta que no haya que cambiarle los pañales. Cada etapa del aprendizaje y cada necesidad concreta forman parte de la evolución del cuerpo humano. Todas las personas aman a sus hijos en cada una de las fases de su proceso de crecimiento. El cariño no se interrumpe repentinamente en ninguna de las etapas que conducen a la edad adulta. Así, en términos equiparables, podría afirmarse que el amor *condicional* por el propio cuerpo está en la base tanto de la ganancia de peso como de una amplia diversidad de trastornos de salud.

Aun cuando se ha aceptado el propio cuerpo tal como está en su situación actual, son muchos los que consideran que algunas personas son más propensas a las enfermedades que otras. *Michelle Edinburg*, terapeuta de arte* de Solihull, Inglaterra, apunta en sus preguntas a una distinción básica entre dos tipos de enfermedades.

> *¿De qué manera se diferencian las enfermedades hereditarias de las que se manifiestan en fases más tardías de la vida? ¿Pueden las primeras curarse a lo largo de la vida de quien las padece?*

Es cierto que existe una diferencia entre las enfermedades hereditarias y las que obedecen a otros factores. Los trastornos congénitos pueden heredarse a partir de los sistemas de creencias y los hábitos de salud de los antecesores, aunque la predisposición también depende de las propias creencias y de los cuidados que se administren al propio cuerpo. Por otro lado, las enfermedades que se desarrollan en fases posteriores de la vida guardan relación directa con factores tales como el estilo de vida y las creencias personales, así como con el nivel de estrés al que se está sometido.

Podría considerarse que las patologías hereditarias son formas de pensamiento que se transmiten de padres a hijos. En la medida en que el cerebro guarda recuerdos de la experiencia prenatal, el feto, aunque el alma no haya entrado aún en él, también conserva memorias de las experiencias intraute-

---

* La terapia de arte, o arteterapia, es la utilización de expresiones artísticas, tales como dibujo, pintura, escultura, modelado de cerámica, escritura, música o danza, con finalidades curativas.

rinas expresadas por la madre, así como de las emociones más intensas que forman parte del pensamiento consciente del padre. Así pues, si la madre es tranquila y alegre, lo más probable es que su hijo exhiba pautas de carácter similares. En caso de que la madre esté preocupada sobre un posible trastorno genético, cabe la posibilidad de que esta forma de pensamiento se infunda en ella durante su embarazo, salvo en el caso de que esa percepción se vea atemperada por pensamientos que refuercen el convencimiento de que el niño nacerá sano. Ello se añade a la probabilidad de que los marcadores genéticos de la enfermedad se hagan dominantes.

Cuando hablamos de formas de pensamiento, el término *dominante* adquiere especial relevancia, en tanto que el cerebro tiende a reconocer siempre el pensamiento que prevalece en mayor medida. La estructura genética de nuestros antecesores puede haber sido modificada por recuerdos celulares reprimidos, haciendo que determinados genes pasen de generación en generación en una familia. No obstante, la eventual predisposición a padecer una enfermedad hereditaria solamente implica que, en el propio linaje de consanguinidad, alguien ha padecido esa afección con anterioridad. En las familias hay muchos otros rasgos vitales que pueden generar predisposición a, pongamos por caso, la toxicomanía, la pedofilia o la adicción a las compras. El solo hecho de que en el propio linaje existan antecedentes de personas que han padecido trastornos de comportamiento como estos no presupone que una persona deba presentarlos igualmente. Aunque los científicos cuentan con los conocimientos y medios necesarios para establecer predicciones en cuanto a la probabilidad de que un hecho ocurra, ello puede asimismo generalizar el temor y hacer que la presencia de una determinada enfermedad adquiera connotaciones de pensamiento dominante.

En consecuencia, mis amados seres queridos, debéis saber que la posible presencia de un trastorno hereditario se puede modificar para una persona concreta de un determinado linaje que se centre de la manera adecuada en pensamientos asociados al bienestar. Una madre gestante que cree firmemente en la plena salud del feto que alberga en su seno tendrá un largo camino recorrido en la consecución del alumbramiento de un niño con predisposición a estar sano. Quiero dejar claro, en cualquier caso, que no es mi intención generar un exceso de estrés en las madres. No pretendo afirmar que sus pensamientos durante el embarazo sean, ni mucho menos, el factor que más afecta a la probabilidad de desarrollo de las enfermedades hereditarias. A veces se dan casos de madres que solo tienen pensamientos positivos y saludables a lo largo de su gestación y que, sin embargo, dan a luz hijos que presentan complicaciones o padecen una afección hereditaria de la que nadie era consciente en la familia. En ocasiones, la decisión que ha de tomarse ante un determinado problema de salud puede en realidad corresponder a la decisión del alma que se está encarnando en lo que respecta al crecimiento del alma de todas las partes implicadas en el proceso. Mi intención en este ámbito es ayudar a sentir la fuerza de los pensamientos, en contraposición a la desesperanza inherente a todo aquello que se ve como «inevitable».

Recuerdo una frase humorística, que posiblemente arroje algo de luz sobre este tipo de situaciones: «La locura es hereditaria; se hereda de los hijos». De ningún modo pretendo tomar a broma la lucha de quienes han de afrontar el padecimiento de una enfermedad genética. Solamente deseo destacar la necesidad de centrarse en todo aquello que en el mundo está asentado de forma fuerte y sólida, y no en lo que está fraccionado y resulta discordante. Cuanto más centrado se esté en las cosas que proporcionan alegría y gozo, que facilitan la vida, menor probabilidad habrá de padecer una enfermedad o, en términos contrapuestos, todo aquello que hace que el cuerpo se sienta inquieto e incómodo puede generar, además de la enfermedad, otros tipo de problemas.

Por ejemplo, durante las sesiones que mantenemos Gerry y yo, a menudo hablo con mujeres que están muy preocupadas porque no pueden quedarse embarazadas, sin que se haya podido determinar el motivo clínico de esa imposibilidad. Prácticamente todas esas mujeres suelen hacer referencia a su ansiedad por tener que hacer frente al «reloj biológico», que no es más que un límite de edad creado por el ser humano para concebir un hijo. A menudo, el pánico atenaza tanto a hombres como a mujeres ante las potenciales complicaciones de los embarazos tardíos y ante el hecho de poder haber perdido la opción de tener un hijo. En estos casos se desarrolla una forma de pensamiento repetitiva que correlaciona los defectos congénitos con el hecho de tener demasiados años para concebir; a través de dicha forma de pensamiento se imparten instrucciones al cerebro para evitar una situación potencialmente peligrosa y para impedir que la mujer quede embarazada.

El principio del reloj biológico se ve claramente contravenido por los niños que nacen de forma inesperada. Suelen ser concebidos por parejas que piensan que no pueden tener hijos, porque la mujer ya ha alcanzado cierta edad y se encuentra en la etapa inicial de la menopausia, por lo que mantienen relaciones sexuales por placer y sin la obsesión de concebir, como cuando era más joven.

Eso es lo que debe aconsejarse a las parejas que se esfuerzan por tener un hijo: es conveniente que vuelvan a centrarse en las sensaciones que experimentaban antes de empezar a obsesionarse por el embarazo; que actúen como alocados adolescentes y hagan el amor con temerario abandono, olvidándose de las fechas programadas y las gráficas de temperatura basal. Cuantas menos tensiones y menos temores se sientan en lo que respecta a la gestación, mayores serán las opciones de conseguir el embarazo y de tener un niño sano, olvidándose de «los relojes».

Determinadas enfermedades tienen su origen, no tanto en el sistema de comunicación de los pensamientos con el cuerpo, como en la comunicación entre los diferentes sistemas que conforman ese cuerpo. La doctora *Kristen Willeumier*, de Los Ángeles, especializada en neurociencia, se dedica al estudio de dos enfermedades neurológicas de conformación y planteamientos similares. La doctora pregunta:

> *¿Podrías explicarme, en el plano angélico, qué sucede en el cerebro en los procesos patológicos neurodegenerativos, como los de las enfermedades de Alzheimer o de Parkinson? ¿Puedes indicarme alguna recomendación para prevenir con antelación estas importantes alteraciones de la salud? Los médicos hemos determinado que el alzhéimer comienza a*

desarrollarse 30 años antes de la aparición de sus primeros síntomas, por lo que la aportación de la sabiduría angélica en lo que respecta al modo de mantener el cerebro en su máximo nivel funcional resultaría de gran utilidad. Si es cierto que la enfermedad se produce cuando nos alejamos del espíritu, tal como se afirma en el libro Un curso de milagros, ¿de qué modo podemos ser más conscientes de este proceso para poder reencauzar la situación?

En primer lugar, quisiera expresa mi gratitud a Kristen, por demostrar el valor de abordar la enfermedad no solo desde el punto de vista físico y científico, sino también desde la perspectiva del alma. Los chamanes indígenas consideran que la enfermedad tiene su origen en algo que se desequilibra en una persona, en el entorno que la rodea o en la conexión entre una persona y su alma. Cuando se percibe que la propia alma está *en* todas esas cosas, se aprecia con claridad que una poderosa conexión con el alma es lo que ayuda a comprender cómo cuidar mejor todos y cada uno de los elementos implicados.

El mal de Alzheimer y la enfermedad de Parkinson son disfunciones degenerativas de los sistemas de comunicación que se establecen en el cuerpo humano. Es cierto que algunos de los procesos a través de los cuales se desarrollan estas afecciones pueden estudiarse y observarse en el cerebro, aunque también tienen lugar en el intestino y en el sistema nervioso entérico. Mucha gente desconoce que las neuronas presentes en el aparato digestivo, entre la garganta y el ano, son incluso más numerosas que las que integran la médula espinal. Y ello determina una cifra ciertamente asombrosa, si se tiene en cuenta que las neuronas que discurren a lo largo de la médula son ¡más de 100 millones! Las neuronas integrantes del sistema nervioso entérico son responsables de los movimientos reflejos y también de decisivas funciones del pensamiento, y están expuestas a un sustancial daño degenerativo, como consecuencia de la prolongada producción de compuestos químicos implicados en los procesos neurológicos, producción que es activada por las respuestas de estrés. Para conocer la evolución de estas enfermedades, en primer lugar debemos examinar el modo en el que el cuerpo físico interactúa con la energía que fluye a través de los chakras.

El sistema de chakras regula la energía que penetra en el cuerpo, actuando de un modo que puede compararse con el de los interruptores de la red eléctrica de una casa. Los chakras son siete y, en el cuerpo, se alinean de arriba abajo en el siguiente orden: corona, tercer ojo, garganta, corazón, plexo solar, sacro y raíz (perineo). La energía fluye hacia el cuerpo desde tres direcciones. La primera dirección corresponde a la energía que penetra en el cuerpo a través del chakra coronal, en la parte superior de la cabeza, que fluye desde la conexión con el yo superior. Esta energía discurre en sentido descendente desde la coronilla hacia la zona de la frente, atravesando el chakra del tercer ojo, que procesa los pensamientos lógicos e intuitivos y regula el conjunto de la energía física de la región de la cabeza. A continuación, la energía progresa hacia el chakra de la garganta, en el que se asienta la capacidad de generar una frecuencia vibratoria destinada a comunicarse, que es lo que se conoce como «voz». Este chakra controla las actividades físicas de la garganta, los hombros y los brazos, ejerce funciones de salvaguarda de las emociones y conforma el inicio del sistema nervioso entérico. La energía continúa descendiendo a continuación hacia el chakra del corazón, que controla las emociones y las funciones físicas del corazón, los pulmones y la vesícula biliar.

La segunda dirección de flujo de energía emana de la Tierra. El cuerpo capta de ella una energía que ayuda a comunicar todo aquello que se requiere para mantener vivo el organismo y para crear más vida. El primer chakra por el que esta energía penetra es el chakra raíz, situado en la base inferior de la columna vertebral, en la zona perineal, o del llamado suelo pélvico, desde donde la energía fluye hacia el sistema nervioso central y hacia el sistema nervioso entérico. Este chakra contribuye a facilitar las funciones de supervivencia, por lo que participa en la fase final del proceso de la digestión y proporciona energía a las piernas en la llamada «respuesta de estrés de lucha o huida», expresión con que se designa la reacción fisiológica del organismo ante la percepción de daño, ataque o amenaza inminentes para la supervivencia y que prepara al cuerpo para luchar o escapar. Posteriormente, la energía pasa a la zona situada inmediatamente por encima de los órganos sexuales donde se encuentra el chakra sacro, regulador de toda la energía sexual y de las respuestas reproductivas, parte de las reacciones del sistema digestivo y la energía creativa.

Por último, la energía que asciende desde la Tierra y la que desciende desde el yo superior confluyen en el chakra del plexo solar. En él se ubica el núcleo fundamental de las funciones del sistema nervioso entérico. Este chakra reúne toda la información procedente de las dos direcciones, incorporándola a la información que el cuerpo recoge a su vez a partir de su interacción con otros seres humanos. El chakra del plexo solar está permanentemente compartiendo energía con otros seres, en un proceso que podría definirse como intercambio simpático de energía, entendiendo en este contexto por simpatía la relación existente entre personas o cosas, de manera que una modificación del estado de una de ellas se refleja simultáneamente en la otra. En esta localización es en la que la percepción cognitiva de la energía de otra persona hace que se responda a ella de una determinada forma. Este chakra regula asimismo el centro de respuesta empática, lo que permite *sentir* realmente la energía que emana de otra persona.

El plexo solar puede considerarse un auténtico centro regulador de energías, en tanto que en él no solo se comparten y se interpretan esas energías, sino que también se generan respuestas físicas a la energía que fluye a través del sistema corporal. Cuando los chakras de una persona están limpios y la información que envían discurre sin restricción alguna, esta región está en condiciones de tomar decisiones *viscerales,* que permiten efectuar acciones decisivas. Cuando se percibe que este chakra sufre algún tipo de deterioro, se nota que la energía que regula las respuestas de estrés se ve alterada y provoca disfunciones del sistema nervioso central, que afectan a los reflejos y a la capacidad de producir y mantener la función de la memoria a corto plazo.

La mayoría de los estados patológicos se ven afectados por la energía que los humanos ingieren (en forma de alimento) y por la manera en la que responden a los estímulos generadores de estrés físico. En la medida en la que la evolución social del ser humano ha hecho que las prioridades se hayan ido desplazando de la actividad física a la actividad mental, los efectos del estrés no físico se han ido acentuando de modo progresivo. Cuando la respuesta de estrés se activa, los sistemas nerviosos central y entérico convergen en el chakra de la garganta, emitiéndose señales químicas que fortalecen los músculos, elevan el nivel de consciencia y generan reflejos rápidos. Cuando se reacciona a un peligro físico, esta energía puede aprovecharse en la reacción de lucha o huida. Sin embargo, cuando los factores generadores de estrés son de naturaleza emocional o mental, el cuerpo no tiene vías de salida para liberar esa energía, lo que tiende a hacer que los músculos tensos se tornen rígidos (artritis), el bloqueo nervioso provoque dolor irradiado (fibromialgia), las glándulas suprarrenales dejen de producir un flujo constante de adrenalina (fatiga suprarrenal) y el sistema nervioso central se cortocircuite, lo que determina el desarrollo de respuestas de comunicación/reflejas incoherentes e involuntarias (en cuadros patológicos como el síndrome de Gilles de la Tourette o la enfermedad de Parkinson precoz) y respuestas musculares y tisulares degenerativas (asociadas al parkinsonismo tardío).

En el caso de la enfermedad de Alzheimer, se registra un bloqueo de la comunicación entre los sistemas nerviosos entérico y central. Ello se debe sobre todo a una respuesta de estrés, si bien el proceso de relacionada de modo más directo con la memoria celular oculta en los tejidos del sistema nervioso entérico. El cerebro no desea que la memoria celular de este episodio traumático salga a la superficie, razón por la cual comienza a interrumpir la comunicación con ese sistema nervioso. Este cortocircuito permite que la persona tenga un acceso más fácil a la mayoría de los recuerdos cognitivos del pasado, mientras que hace que sea difícil crear o almacenar recuerdos a corto plazo. Básicamente, las nuevas células de memoria muestran una cada vez mayor incapacidad para formarse, lo cual hace que se dispersen y se fijen a otras partes del cuerpo, precipitándose de este modo su degeneración. La persona afectada por la enfermedad de Alzheimer queda envuelta en un *círculo cerrado* de experiencias cognitivas, sin darse cuenta de que dice o piensa una y otra vez las mismas cosas. El enfado, la cólera y la paranoia tienden a salir a la superficie a medida que los instintos de supervivencia evocan en la mente peligros pasados y, así, los enfermos de alzhéimer a menudo identifican de modo equivocado el origen de esas amenazas, asociándolo a elementos procedentes de aquellos que les rodean.

Otro posible factor que predispone a padecer la enfermedad de Alzheimer es tener una naturaleza extremadamente empática. Las personas con un alto nivel de empatía —es decir, de comprensión intelectual y emocional de los pensamientos, sentimientos y conducta de otras personas— proyectan a su cuerpo una energía procedente de los demás que el cerebro no puede diferenciar de las formas de pensamiento o de los sentimientos propios y que, efectivamente, es almacenada como propia en la memoria celular.

De cualquier modo, por lo que respecta al mantenimiento de la salud física, mental y energética, lo cierto es que los procesos implicados en él no son tan complejos como podría pensarse en un primer momento. A veces se me reprocha que propongo soluciones que parecen demasiado simplistas para resultar en verdad eficaces, y mucho me temo que este es uno de tales casos. A continuación se exponen una serie de sencillos recursos que pueden llevarse a la práctica para mejorar de modo sustancial la salud física y, simultáneamente, para conseguir una provisión adicional de energía y de alegría.

Ejercicio. El cuerpo físico no está diseñado para estar inmóvil, sino más bien para ser el vehículo por medio del cual el alma pruebe y sienta todo tipo de experiencias.

Por ello los humanos están dotados de capacidad para correr, estirarse, saltar, nadar, hacer piruetas, bailar, escalar, montar en bicicleta, practicar sexo y realizar otras muchas actividades. El ser humano fue creado para gastar energía. Cuando erais niños erais también plenamente conscientes de ello, y no parabais de subir a los árboles, practicar todo tipo de deportes, correr, saltar y jugar con vuestros amigos. En realidad, uno de los principales peligros de la edad electrónica es que, en ella, muchos niños prefieren jugar a un videojuego de cualquier deporte que practicarlo ellos mismos. Se debe tener en cuenta que la diversión y el ejercicio ameno y distraído ha de ser siempre fomentado en los niños al máximo.

A medida que se van cumpliendo años, las personas se hacen más serias y pierden su deseo de jugar. Los adultos pasan gran parte de su tiempo sentados en la oficina, sentado a la mesa para comer o sentados en el sofá, y después se van a la cama, para hacer lo mismo al día siguiente. Muchos de los que hacen ejercicio actúan siguiendo la creencia autoimpuesta de que deben hacerlo más que por mera diversión. Cuando se pierde la percepción de placer por la práctica del ejercicio físico se pierde también parte del efecto regenerador y relajante que esta tiene. Es posible que al ejercitarse de este modo se aumente la frecuencia cardiaca, pero no se eleva el nivel de *vibración*.

Ejercitaos siempre de un modo que os resulte divertido. Escoged un deporte que practicarais de pequeños y jugad solos o con amigos. Si os gusta caminar, hacedlo y procurad acelerar un poco el paso. A veces un simple paseo también puede convertirse en un juego. Si deseáis volver a practicar una actividad que realizabais en la infancia y no tenéis con quién hacerlo, podéis ofreceros como voluntarios para ser monitores en algún programa infantil. Las organizaciones dedicadas a este tipo de actividades siempre van en busca de voluntarios que colaboren con ellas y, de este modo es posible aprovechar las propias capacidades, poniéndolas por otra parte en práctica con quienes saben apreciarlas.

En este contexto, no es conveniente preocuparse por ser adulto. La motivación se centra sobre todo en liberar estrés del cuerpo y, para hacerlo, no hay modo más rápido y eficaz que experimentar placer y alegría. La unión de esa alegría y del ejercicio induce un profundo cambio en el cuerpo y en la actitud mental y la energía.

Meditación. Sé que entro en contradicción al acabar de sugerir que se sea más activo para inmediatamente después indicar la conveniencia de sentarse a pensar en la más completa quietud. Y, sin embargo, la combinación de periodos de ejercicio con etapas de meditación no solo duplica la eficacia del alivio del estrés, sino que, de hecho, hace que la persona sea menos receptiva a ese estrés que, en realidad, no es una enfermedad, sino una reacción. Es el modo por el que se opta para responder a una situación determinada. Cuando se experimenta tensión por sentir algún tipo de preocupación, básicamente se está generando una respuesta de estrés ante potenciales alteraciones que, por lo demás, ni siquiera se han producido aún.

Uno de los mejores medios para regular las respuestas de estrés consiste en meditar a diario. La importancia de la meditación radica sobre todo en que permite focalizar la atención en la respiración, que hace que la energía fluya hacia el interior y hacia el exterior del cuerpo. Conviene recordar que la respiración es portadora de la energía que infunde la fuerza vital. Cuanto más tiempo se dedique a concentrar la atención en la propia respiración, mayores serán al mismo tiempo la energía que se aporta al cuerpo y la liberación de estrés del mismo.

Si se dispone de un minuto, se puede poner en práctica una técnica de respiración y meditación muy sencilla ideada por Gerry. Todo lo que hay que hacer es cerrar los ojos e inspirar aire, contando mentalmente hasta siete, reteniendo el aire inspirado mientras se vuelve a contar hasta siete y exhalándolo, mientras se cuenta hasta siete una vez más. Estos pasos deben repetirse al menos otras tres veces.

Apenas un minuto después se experimenta una radical atenuación de la tensión que antes atenazaba el cuerpo. Si la técnica de respiración continúa practicándose durante 5 minutos, se llegará a experimentar una sorprendente sensación de placidez. Esta técnica funciona porque la mente tiende a centrarse solo en un pensamiento a la vez. Si una persona se concentra en respirar y en contar, su mente se focalizará igualmente en esas acciones.

Gerry llama a esta técnica la de «los sietes de la suerte», asociándola a los tres sietes que suelen dar el premio especial en las máquinas tragaperras de los casinos. Este sencillo método sirve para conseguir como recompensa el más absoluto alivio del estrés.

Alimentación consciente. Los alimentos que proceden de la tierra ayudan a mantener una vida sana y refuerzan los sistemas inmunitario y nervioso. Sin embargo, el organismo, y en particular el sistema nervioso entérico, son dañados por los alimentos que están atestados de conservantes químicos. El cuerpo hace todo lo que puede para digerir de la mejor manera posible este tipo de comida, pero los estabilizantes alimentarios no solo ejercen su efecto en los estantes del supermercado, sino también en el intestino de quienes los ingieren. De este modo, los ácidos digestivos no son capaces de extraer por completo los nutrientes y la energía de los alimentos, como consecuencia de lo cual uno tiende a sentirse sin fuerzas y aturdido.Otro problema es que la dieta que consume la mayor parte de las personas tiende a ser muy ácida, cuando en realidad debería ser predominantemente alcalina.

Si el equilibrio del sistema digestivo tiende a ser ácido, las bacterias saludables mueren, mientras que las más perjudiciales proliferan. En consecuencia, la persona es así más vulnerable a diversos tipos de enfermedades, incluido el cáncer. Por el contrario, las enfermedades e infecciones provocadas por las bacterias nocivas no progresan cuando el medio es alcalino. El aumento de la alcalinidad en el cuerpo incrementa la capacidad para generar un medio físico en el que se favorezca la mejora de la salud. Tomar sobre todo alimentos vivos, como las frutas y verduras, facilita la consecución de un equilibrio corporal alcalino. Por otra parte, ingerir estos alimentos en forma de zumo contribuye a que los nutrientes alcalinos se absorban mejor en un medio altamente ácido.

Otro importante factor a tener en cuenta es asegurarse de que los alimentos que se ingieren no contengan organismos genéticamente modificados (OGM), también conocidos como «transgénicos». Las empresas alimentarias han alterado la estructura celular natural de los alimentos recurriendo a técnicas peligrosas, con la finalidad de aumentar el rendimiento de los cultivos y, en consecuencia, de vender más. Las sustancias como los OGM generarán antes o después algún estado patológico en alguna parte del tubo digestivo. Cuando se toma carne, es esencial verificar que es de animales criados mediante métodos orgánicos, sin uso de antibióticos y que hayan sido alimentados con productos libres de pesticidas, conservantes o aditivos transgénicos. No menos relevante es la necesidad de asegurarse de que los animales hayan sido criados con respeto y trato humanitario y en condiciones que no les hayan causado traumas. Al igual que las personas son lo que comen, los animales son igualmente reflejo de aquello de lo que se nutren y de lo que han experimentado mientras se desarrollaban.

Ciertamente, la clave consiste en esforzarse porque se produzca una verdadera revolución en la industria alimentaria. Es crucial cambiar los hábitos nutricionales insanos y adoptar una dieta orgánica y libre de compuestos químicos añadidos. Los alimentos son el principal motivo de afectación del sistema nervioso entérico y, después del estrés, el mayor factor generador de enfermedades en él. En cualquier caso, los efectos perjudiciales del estrés se ven amplificados de modo sinérgico por los de los alimentos nocivos.

Liberación de la memoria celular. En este capítulo se ha hablado de algunos de los múltiples trastornos físicos que pueden ser provocados por la memoria celular o en los que esta se ve implicada de alguna manera. Lo bueno es que los recuerdos de la memoria celular pueden ser liberados fácilmente. Desearía que todos los lectores de este libro conocieran la mecánica del *tapping*, o golpeo, la técnica de liberación emocional (TLE, también EFT por sus siglas inglesas) ya mencionada. Se trata de un procedimiento que resulta útil tanto para la persona que la emplea como para su familia, puesto que, ciertamente, son muchas las ventajas de que los niños aprendan a liberar la memoria celular perjudicial tan pronto como empiezan a acumularla. Hay otras técnicas que también resultan útiles. Así, por ejemplo, el masaje ayuda a liberar la memoria almacenada a nivel superficial en músculos y otros tejidos. Por su parte, la liberación miofascial actúa a un nivel algo más profundo para desbloquear la memoria en la fascia subyacente a músculos y demás tejidos y a los órganos. Por su parte, el reiki, también llamado imposición de manos o toque terapéutico, resulta extremadamente eficaz para el aprovechamiento de la fuerza vital que envuelve a las personas, con objeto de activar el conocimiento innato del cuerpo en lo que respecta a las formas de sanación. El reiki puede ser aplicado por un sanador profesional o bien puede realizarse un curso de iniciación a esta disciplina para aplicarla, bien a uno mismo, bien a otras personas.

Si se tiene interés por cualquier otro tipo de energía o de trabajo corporal, es conveniente dejarse guiar por la propia intuición. La consciencia y el cuerpo están constantemente intentado aportar orientación sobre cómo liberarse de todo aquello que no es beneficioso. Es importante, mis amados seres queridos, que escuchéis los mensajes del cuerpo. No ignoréis nunca el dolor persistente: es vuestro cuerpo que intenta llamar vuestra atención. Si dedicáis el tiempo suficiente a comunicaros con él, siempre os hará saber cuáles son sus necesidades, y no será necesario obligarle a gritar, es decir, a manifestar esas necesidades por medio del dolor.

Recuperación del poder y del alma. En el capítulo anterior se describía la pérdida del alma y se analizaban los trastornos físicos que pueden provocarla. Es posible llegar a identificarla en uno mismo, formulando algunas sencillas preguntas: «¿No te sientes como si fueras tú mismo? ¿Notas como si te faltara algo? ¿Piensas "no soy el mismo o la misma desde que…"?». El episodio desencadenante puede ser la muerte de un ser querido, la pérdida del trabajo, una operación quirúrgica, un desengaño amoroso o, en ocasiones, algo que no se llega a identificar. Quienes se sientan motivados para recuperar su alma, pueden ponerse en contacto con Gerry para obtener más información a través de su página *web*, www.gerrygavin. com, con objeto de conocer más en profundidad la dinámica de esa recuperación. Se trata, sin duda, de un proceso sencillo, apacible y gozoso, aunque imbuido de una poderosa energía.

Aun considerando que es un campo que queda dentro del ámbito del poder de una persona, hay que tener en cuenta también que a menudo resulta difícil modificar los comportamientos ya establecidos. Cada caso plantea características diferentes. Por ejemplo, el *tapping* ayuda a corregir el ansia irresistible por tomar cierto tipo de alimentos, por lo que a menudo constituye un buen punto de partida antes de abordar un cambio en la dieta. En otras ocasiones, lo que se desea es conseguir la recuperación del alma, por lo que se ha de exhibir una plena presencia energética para el desarrollo de las diversas tareas. Otra posibilidad es que, una vez corregidas las pautas alimentarias, sea necesario encontrar una forma de hacer ejercicio que resulte divertida. Cuando se siente que se necesita apoyo para seguir adelante y no se consigue, es aconsejable ponerse en contacto con grupos de personas con intereses o aficiones comunes a los propios o formar un grupo personal en *webs* tales como www.meetup.com.

El yo superior y, por supuesto, los ángeles, sirven para prestar ayuda. Basta con sentirse plenamente libres y preguntar. Hay que tener siempre en cuenta que, aunque se vive en un mundo material (físico), eso es solamente una parte de nuestro ser. Siempre se puede acceder a la dimensión mayor para requerir la ayuda que se precisa.

TODO ES RELATIVO

La verdad sobre las relaciones

«El amor no es algo perfecto. El amor es complicado.
En el amor las cosas no siempre funcionan como uno
querría. El amor es un caos».

Una parte mayoritaria de nuestra energía es captada a través de las interacciones que se mantienen con otras personas y tal interacción energética es canalizada por medio del chakra del plexo solar. Las reacciones de cada cual con otras personas en este mundo quedan encuadradas a grandes rasgos en cinco categorías: familia, amigos, relaciones amorosas, compañeros de trabajo y personas con las que se comparten los mismos intereses. Todas y cada una de estas relaciones constituyen una medida por medio de la cual cada persona se define a sí misma como tal e incrementa o disminuye la propia vibración de energía. Las personas abren su corazón y su ser energético a los demás a través de sus relaciones, y esa es la razón por la que la mayor parte de la memoria celular dañina y de los casos de pérdida de alma tienen lugar como consecuencia de este tipo de interacciones. Es posible intercambiar amor que, al fin y al cabo, es energía, y también se puede hacer que otras personas experimenten el dolor causado por nuestra desaprobación o por nuestra falta de amor.

Gerry pudo percibir un sentimiento común en lo que respecta al amor mientras veía un maratón de películas sobre el día de san Valentín en Hallmark TV, cadena de televisión por cable dedicada a la emisión de películas y series a la que es muy aficionado (es un apasionado de las películas «con mensaje», un incorregible romántico y un incondicional de los finales felices). Observó que en aquellas películas siempre había algún personaje que hacía afirmaciones como las siguientes: «El amor no es algo perfecto»; «El amor es complicado»; «En el amor las cosas no siempre funcionan como uno querría» o «El amor es un caos». Gerry pensó en la infinidad de formas en las que el amor es manifestado por miles de millones de personas en todo el mundo, cada una de las cuales tiene su propia interpretación y su forma de expresarlo, partiendo de sus experiencias particulares y específicas.

Cada persona es el personaje principal en esta faceta de su vida e interpreta su papel de un modo por completo singular. Alguien podría afirmar que una persona siempre se parece a su padre o a su madre. Sin embargo, en este aspecto, no es así. En cada caso particular hay algo distinto en la interpretación de la vida, aunque a veces se trate tan solo de pequeños matices. Vuestro amor como padres o madres no es igual al que vuestros padres mostraron por vosotros, y el que sentís por vuestros hijos siempre será diferente del que ellos sientan por los suyos.

Mike Dooley, autor que ha publicado obras de gran éxito incluidas en la lista de los libros más vendidos del *New York Times*, como *Infinite Possibilities: The Art of Living Your Dreams (Posibilidades Infinitas: el arte de vivir tus sueños)* o *The Top Ten Things Dead People Want to Tell You* (publicado en español con el título *10 lecciones de vida desde la muerte)*, planteó una pregunta sobre las relaciones en la que formulaba una solicitud profundamente personal:

Muchos de nosotros sabemos que elegimos nuestras vidas y a nuestros padres, en tanto que ellos pueden, a su vez, elegirnos o estar de acuerdo con nuestra elección. Yo he sido padre hace poco por primera vez, por lo que me interesaría conocer mejor este proceso de elección, tanto desde la perspectiva del recién nacido como desde la de los padres.

En efecto, según apuntas correctamente, Mike, en su estado de alma, el ser elige los padres de los que nacerá y las almas de los que serán los padres también se ven implicadas en este singular proceso de selección. Me agrada que esta petición se realice desde la condición profundamente personal de haber sido padre por primera vez, y de que haga referencia al modo en el que tal perspectiva puede influir en la vida. A continuación expondré una breve reflexión a este respecto.

Todas las almas desean tener experiencias en una forma física que les permita tener oportunidades de expandir su energía. En consecuencia, el alma elige las más diversas circunstancias, incluidos los padres del nuevo ser en el que se encarnará, siguiendo criterios que consideran su potencial energético, espiritual y de crecimiento. Algunos padres son elegidos para que sirvan de amoroso apoyo a ese crecimiento, mientras que otros lo son con el fin de que actúen como un reto que espolee a la persona y la impulse a buscar el crecimiento por sí misma. Es fácil intuir que los esfuerzos propios en la vida personal ofrecen ingentes oportunidades de autorrealización y de crecimiento. Sin embargo, en tu condición de padre primerizo, debes esforzarte en crear un entorno en que tu hijo esté rodeado en la mayor medida posible de amor y de protección. Aunque es natural que se desee aportar el propio legado de experiencia y de saber que se ha ido atesorando a lo largo de la vida, es muy probable que el hijo o la hija tomen la decisión de seguir un camino distinto al de los padres, con el propósito de experimentar por sí mismos su propio desarrollo personal.

Según un viejo adagio arraigado en la tradición, las personas no aprecian la sabiduría de sus padres hasta que no se convierten ellas mismas en madres o padres. Ello es debido a que, cuando se asume la forma humana, es decir, cuando se nace, no se es ya consciente del plan del alma que se había trazado en el estado de yo superior. A partir del momento de la creación física (el nacimiento) todo es pura improvisación. Así pues, el hecho de que un hijo haya tomado, en su estado de alma, la decisión de nacer en una familia que le ofrezca y le facilite todas las ventajas del arranque de una vida espiritual, no constituye ninguna garantía de que pueda reconocer ese potencial ni de que lo vaya a aprovechar de la mejor manera posible. Es muy importante que todos los padres recuerden que lo más que pueden hacer es invitar a sus hijos a que aprendan de la experiencia que ellos han ido acumulando, ya que es más que probable que la trayectoria vital de los hijos discurra por caminos y en direcciones muy diferentes a los de sus progenitores. No obstante, una de las mejores manera en las que un padre o una madre puede compartir su conocimiento con sus hijos es creando experiencias agradables, placenteras y aleccionadoras, a través de las cuales el niño asocie los sentimientos positivos a esa lección. Por encima de todo, el alma busca experimentar alegría y gozo, por lo que si esta alegría es el fundamento de la enseñanza, el *estudiante* asumirá la experiencia y la aceptará como cierta.

Mike, en esta fase de la vida estás experimentando la energía y la percepción de ser un profesor. No es algo que originalmente pensaras que ibas a hacer, pero las circunstancias te han colocado en esa posición, en la que sientes un fuerte deseo de compartir aquello que has aprendido. Buena parte de lo que enseñas es aquello que en algún momento deseaste o tuviste que aprender tú mismo. Cuando ayudas a tu hijo en su aprendizaje, también aprendes tú mismo. Además, ayudarás a tu hijo a conocer todas aquellas cosas que él mismo enseñará a su vez llegado el momento. Ese es el motivo por el que los padres, cuando mantienen una actitud abierta, pueden aprender de sus hijos tanto como estos de ellos.

La lección más esencial que los padres han de impartir a sus hijos es la relativa a que aprendan a buscar alegría en sus vidas. Si asimilan ese aprendizaje en sus años de formación, serán capaces también de aprender otras muchas lecciones asociadas a ese mismo concepto. Es asimismo importante limitar el aleccionamiento que, de un modo u otro, pueda inspirar temor. Se debe dejar que los niños exploren dejándose llevar por su propia curiosidad, estableciendo las lógicas restricciones solo cuando exista un peligro evidente y manifiesto. A menudo se les enseña a los hijos a temer cosas que es muy poco probable que sucedan, con lo que solamente se consigue que experimenten cierta predisposición a la ansiedad, sin que perciban en compensación ninguna sensación de seguridad. Si se aprende a encontrar alegría y disfrute en todas las cosas, esas mismas cosas proporcionarán siempre alegría y gozo.

Es importante ser consciente de que los procesos de pérdida del alma y de deterioro de la memoria celular se inician en la primera infancia. Ya a muy corta edad se percibe la satisfacción que se siente cuando se proporciona de un modo u otro placer a otras personas. Cuando un bebé se cae sentado al dar sus primeros cuando está aprendiendo a andar, ya nota que mamá y papá ríen y le dicen «¡Al suelo! ¡Vaaamos arriba otra vez!». Al pequeño le entusiasma la reacción de júbilo que produce y repite la caída una y otra vez. Sin embargo, a medida que va creciendo comprende que la risa y la aprobación de sus padres se relacionan más con el hecho de que cumpla ciertas expectativas de comportamiento. Debe actuar de una determinada manera, ser bueno en el colegio e interactuar con sus amigos y sus familiares, siguiendo determinadas pautas. Finalmente, el sistema educativo reemplaza su individualidad de aprendizaje a través de una serie de creencias y méto-dos, previamente aprobados y contrastados, de procesado del conocimiento. La imaginación y el disfrute quedan para los más pequeños, mientras que el juego y la diversión van siendo progresivamente arrinconados con el paso de los años.

Ayudo a Gerry en su trabajo de recuperación del alma, en el que prác-ticamente todas las semanas recobra fragmentos del alma de la infancia de sus pacientes. Juntos analizamos fragmentos que se remontan a la época de educación preescolar y primaria, en personas que en su infancia se sen-tían desvalidas e incapaces de colmar las expectativas de sus padres, y otros perdidos en los años de adolescencia, cuando esas personas eran criticadas por sus profesores por no ser lo suficientemente estudiosos o cuando les decían que nunca llegarían a ser nada en la vida. Tales percepciones de hostilidad tienden a verse amplificadas en la edad adulta, cuando se cons-tata que uno mismo atrae patrones de comportamiento idénticos a los que suscitaban sentimiento de remordimiento en la infancia o adolescencia. En este contexto, el amor que se busca lleva implícitas ciertas condiciones, y cuando alguien ofrece ese amor condicional, se tiende a reproducir las conductas negativas. La capacidad de ofrecer amor a otro se convierte en algo contingente, en algo que puede manifestarse o no al realizar determinadas acciones o al seguir ciertas pautas. Pero no es así como funciona la energía —o el amor—. Esa energía está sujeta a un mismo principio, que constituye la base de todas las cosas: la ley de la atracción.

Esa ley fue la que orientó la actividad profesional de **Arielle Ford,** publicista, escritora y productora, que ha contribuido a lanzar la carrera de numerosas figuras destacadas de la difusión del movimiento del Nuevo Pensamiento. Sin embargo, ella solo pudo llegar a encontrar la verdadera dimensión del amor en su vida cuando optó por aplicar esa misma ley a su esfera personal. Arielle cuenta esa transición en *The Soulmate Secret,* publicado en español con el título de *El secreto del amor,* obra que estaba llamada a convertirse en un *bestseller* internacional, y a la que sucedería, en este caso en el ámbito del conocimiento de las relaciones, *Wabi Sabi Love,* en cuya edición en español, *(Amor) Wabi Sabi,* se incluiría el subtítulo *El antiguo arte de encontrar el amor perfecto en una relación imperfecta.* Arielle plantea la siguiente pregunta:

¿De qué forma y por qué razón es importante para las parejas «optar por el amor» aun cuando realmente «no perciban que lo sienten»?

Se trata de una interrogante de importancia crucial a la hora de conocer y comprender las relaciones «de pareja». Cuando una persona decide elegir el amor, aun cuando no lo sienta en un determinado momento, abre la posibilidad de que se desarrollen en ella inminentes cambios energéticos.

En primer lugar, optar por el amor implica que se procede en origen de un entorno pleno de afecto sincero y de compasión. Al comienzo de una relación, las personas experimentan emoción, pasión y conexión, sentimientos todos ellos que les proporcionan un profundo sentido de amor y de pertenencia. No obstante, con el tiempo, la atracción y la pasión amorosa iniciales se van desvaneciendo. La atención mutua de la pareja empieza a empequeñecer las necesidades individuales de cada persona en el día a día de su existencia. El estrés se acumula y mitiga los sentimientos iniciales de amor, a medida que cada uno de los integrantes de la pareja comienza a asociar al otro con sus problemas de relación, más que con lo que un día fue una pasión común para ambos. De este modo las parejas no *sienten* el amor como lo hacían al principio.

Cuando opta por el amor, una persona toma la decisión consciente de concentrarse en aquellos sentimientos y pensamientos que en origen les llevaron a ella y a su pareja a sentir gozo y alegría en su relación mutua. Por ejemplo, cuando se está enamorado, saber cómo se siente la persona amada es una prioridad. La persona enamorada dedica mucho tiempo a intentar conocerla mejor, la escucha con interés y la cuida. Intenta hacer cosas solo con la intención de provocar una sonrisa en el rostro de la pareja, porque su felicidad repercute en la alegría de la propia vida, con lo cual se incrementa también la energía de la misma. Sin embargo, es posible que la persona enamorada no se dé cuenta de que lo que en realidad incrementa su energía no es tanto lo que hace por su pareja, sino más bien la propia energía del amor que se genera dentro del propio ser.

Cuando ama, la persona se sumerge a sí misma en el flujo de la más íntima esencia de su ser, su alma. Al hacerlo incrementa el nivel de vibración, experimentando una sensación de euforia y de mayor bienestar. Ese es el verdadero secreto del amor: cuando amas a otra persona, los sentimientos que experimentas no se asocian a la energía que esa persona dirige hacia ti, sino más bien a la energía que esta siendo generada por ti mismo. De ello se deriva una reconfortante sensación de bienestar, originada por la propia creación de energía amorosa dentro del ser y por la expansión y la proyección de la misma al exterior.

Ese es el motivo de que la elección del amor sea tan importante. Si no se siente amor, es fácil dar pábulo a otros sentimientos negativos como el resentimiento, el enfado, la frustración e incluso el odio. En todo momento se emite al universo una energía asociada a cualquier sentimiento que se esté experimentado, y la consecuencia de ello es que se atrae más cantidad

SI PUDIERAS HABLAR CON UN *ÁNGEL*

de ese mismo tipo de energía. Tal es la razón por la que las personas que tienen conflictos en una relación de pareja con frecuencia notan que esa conflictividad se hace extensiva a otras relaciones y a otras áreas de su vida. Así pues, Arielle, cuando proyectas sentimientos de enfado hacia tu pareja, estás creando literalmente un campo de esa energía negativa en torno a ti, y es esa energía la que actúa como un imán que atrae más negatividad. Al optar por el amor, la energía perniciosa se disipa, con lo que se crean las condiciones adecuadas para rodearse de una energía amorosa y benigna que reemplaza a la anterior.

El proceso puede parecer complejo al principio, pero, en realidad, la elección del amor no consiste más que en poner al frente de la propia consciencia las mejores cualidades de la otra persona. En otras palabras, no se hace otra cosa que recordar todo aquello que hizo que te enamoraras por primera vez. Aunque tu pareja no desarrolle esos comportamientos en el presente, tus recuerdos permitirán evocar las experiencias y los sentimientos pasados que provocaron la atracción inicial. De este modo se recupera la carga emocional que se sentía en origen, de modo que es posible reavivar en uno mismo aquellos sentimientos internos. Se recuerda qué era lo que hacía que nos sintiéramos amados y lo que hacía que estuviéramos enamorados. Es posible que se note que el centro regulador del corazón se relaja y que se dejan de lado los sentimientos de cólera, resentimiento o remordimiento, pasando a experimentar fundamentalmente un estado de perdón, tanto para uno mismo como para la propia pareja.

Muchas parejas alcanzan en su relación un punto en el que, en primera instancia, se cuestionan por qué están con la persona con la que han compartido tantas cosas. Sin embargo, son verdaderamente pocas las que se toman el tiempo necesario para mirar atrás y considerar las verdaderas razones por las que se enamoraron, por estar sus dos componentes sobrecargados de emociones. Cabe la posibilidad también de que consideren que pensar o actuar de forma amorosa es un signo de debilidad o de concesión de poder. Y, sin embargo, el amor y la compasión son los mayores poderes del universo. Al practicarlos nunca se puede renunciar a ninguna clase de poder.

Cuando eliges la opción del amor, anticipas la energía que ese amor atesora para ti. Esta energía te envuelve y atrae más y más amor hacia ti. Si resulta difícil que el cerebro permita la generación de pensamientos amorosos, puedes plantearte la siguiente pregunta: «¿Por qué es tan fácil para mí amar a mi pareja?». Al responderla, el cerebro buscará los motivos por los que te enamoraste en un principio y ello te ayudará a evocar aquellos recuerdos.

Amor y alegría conforman un todo unitario. Al elegir la energía del amor, aun en el caso de que no se exprese ese sentimiento, se actúa de un modo que genera más alegría en la vida. Lo maravilloso de esta elección, Arielle, con independencia del resultado de tu relación, es que experimentarás una elevación de la energía del amor alrededor de ti y que atraerás más amor desde todos los ángulos y facetas de tu vida. En cualquier caso, ello no puede repercutir más que positivamente en la fluidez de tu relación. Aun poniéndose en el peor de los casos, es decir, si tu pareja no está en el espacio energético adecuado para ser elevada por tu energía, podrás de cualquier modo poner fin a la relación sin traumas y con un espíritu positivo. En caso de duda, siempre ha de optarse por el amor.

Si te preguntas «¿Por qué me resulta tan fácil optar por el amor y la compasión en todo lo que hago?», comprobarás que tu pensamiento se expande en todas las áreas de tu vida. Al principio es probable que aplicar este planteamiento a todas las facetas de la vida pueda parecer un reto. Pero, pensemos por un momento en las posibles alternativas: si respondes desde posiciones de enojo y frustración y desde sentimientos de agresión y disminución de la autoestima, ¿cómo harán que te sientas tales respuestas? Hay gente que cree que expresar enfado hacia otra persona es una forma de mostrar respeto por uno mismo. Sin embargo, la respuesta a esta aseveración es en la mayoría de los casos falsa. Lo único que se consigue es crear más sentimientos de sufrimiento, hostilidad y dolor, que a su vez atraen más energías de agresión, lo que hace que el ciclo se reanude y se convierta en repetitivo y vicioso.

Como ejemplo de forma de romper uno de estos círculos viciosos mediante la elección del amor, mencionaré un plan de actuación que Gerry y yo preparamos hace no mucho tiempo para una mujer que se hallaba en proceso de divorcio. Sally (no es ese su verdadero nombre) vivía por entonces con su madre, que en su infancia y adolescencia había sido para ella una sustancial fuente de sufrimiento. En aquellos años, su madre la comparaba a menudo con su hermana, y Sally salía siempre malparada en las comparaciones, y se mostraba muchas veces hostil, crítica y emocionalmente insolidaria. Y ahora la pobre Sally se veía obligada a vivir con su madre hasta que el divorcio llegara a su término, se recuperara anímicamente y volviera a salir adelante.

Hablamos del modo en el que la relación madre-hija y la consiguiente pérdida de alma había hecho que Sally atrajera hacia ella la energía de su fracasado matrimonio. Se encontraba en un momento en el que deseaba reasumir el control de su vida, aunque, en la casa en la que había pasado su infancia y juventud, se sentía especialmente vulnerable. Le dije a Sally que las personas que exhiben actitudes críticas en realidad lo que hacen no es otra cosa más que demostrar falta de energía. Cuando encuentras alguna persona que vibra en un nivel superior, hablas mal de ella e intentas menospreciarla para privarla temporalmente de parte de su energía. A través de sus comentarios negativos, quienes critican lanzan «ganchos» que establecen «lazos energéticos» con el chakra del plexo solar de la persona criticada. Sin embargo, estos lazos suelen ser de corta duración, debido a la baja autoestima de la persona que los genera.

Dado que Sally tenía que vivir en casa de su madre durante un tiempo y que no podía sustraerse al entorno, le aconsejé que intentara comprender que las críticas de su madre no iban dirigidas en realidad contra ella. Lo que en verdad sucedía era que la elevada energía de Sally hacía que su madre se sintiera en cierto modo inferior, puesto que su energía procedía de un nivel de vibración menor y más saturado de tristeza. Comentamos la necesidad de no alimentar la energía negativa del enfado y la irritación y de proceder, en cambio, a una transición hacia la compasión y el cariño, abogando también por la intervención de una legión de ángeles que las rodearan a las dos. La siguiente ocasión en la que hablamos, Sally contó que la situación había mejorado de modo sustancial. De hecho, llegó a afirmar que a veces se sorprendía defendiendo la forma de actuar de su madre en ocasiones en las que en realidad ella se mostraba *demasiado amable* con alguna otra persona. Esta es otra demostración del sorprendente poder de la elección del amor.

Aunque a veces muchos de vosotros os sintáis como si notarais que alguien está intentando robar vuestra energía, no debéis pensar que vosotros mismos sois también «captadores» de la energía de los demás. Consideremos, por ejemplo, una relación con otra persona en la que las interacciones mutuas han sido hirientes y nosotros nos sentimos privados de algún modo de energía. Si en esa correlación decimos algo que pueda molestar o lastimar a otra persona, a veces notamos un leve refuerzo de esa energía perdida. Este tipo de correspondencias con concesión y captación suceden en toda clase de relaciones.

En determinados casos, las pérdidas de energía en las relaciones se producen a través de procesos más sutiles. Es posible, por ejemplo que, en los años de juventud, dichas pérdidas sobrevengan cuando se es siempre el último en ser elegido para participar en el juego en la práctica de deportes de equipo, cuando a una chica no la sacan a bailar, cuando nos toman el pelo, cuando le declaramos nuestro amor a alguien y somos rechazados. Ya en la edad adulta, estas pérdidas de energía pueden también producirse cuando nuestra pareja nos engaña con otra persona, cuando alguien a quien apreciamos se pone de parte de otro en una discusión, cuando un compañero de trabajo intriga para impedir que logremos un ascenso, cuando nos divorciamos, y así sucesivamente. En definitiva, puede originarse en todos los casos en los que una persona se siente abatida por no *ser bastante*. En cada día de la vida de una persona existe la posibilidad de que alguien haga algo que la sitúe en una posición en la que tenga que elegir entre actuar aplicando premisas de amor, ternura y compasión, o hacerlo a partir de pautas marcadas por el temor, el enfado o incluso el odio. *Leslie Keith*, de Alberta, Canadá, dedicada al *soul coaching* o *coaching* del alma, alude a esta disyuntiva cuando pregunta:

¿Cómo podemos saber cuándo es necesario decir ¡ya está bien! en el trabajo, en las relaciones sentimentales o en la vida familiar? ¿Cuándo puede considerarse que una situación se ha deteriorado tanto como para romper una relación, y en qué casos se llega realmente a cortar ese tipo de relaciones? ¿Por qué parece que las personas insensibles con los demás siempre se salen con la suya?

Estas preguntas dan voz a la frustración que muchos sienten cuando se encuentran en situaciones similares. La clave para saber cómo abordar este tipo de problemas se asocia a dar respuesta a una pregunta que, en relidad, se desglosa en dos partes: «¿Qué puedo hacer en esta situación para obtener el mayor grado de alegría y satisfacción que sea posible?» y «¿Cómo puedo hallar la energía positiva y el poder ocultos tras este nuevo desafío?».

Muchas veces es difícil tener en mente esta clase de preguntas cuando se está creciendo o cuando los amigos se comportan mal con nosotros en la escuela primaria. Sin embargo, si se enseña a manejar a los más pequeños este tipo de pautas, ello hará que sean más felices. En la edad adulta, este tipo de cuestiones son más fáciles de enfocar con sinceridad y, al hacerlo, se consigue abordar de manera idónea casi cualquier tipo de decisión relativa a las relaciones personales. Por ejemplo, supongamos, Leslie, que mantienes algún tipo de conflicto con un familiar y te invitan a una boda a la que sabes que esa persona asistirá. Ante tal situación debes plantearte la siguiente pregunta: «¿Qué me supondrá mayor satisfacción?» Puedes comenzar por analizar en qué medida es importante para ti acudir a la boda y qué emociones puede evocarte la celebración. Es posible asimismo calibrar si la asistencia a esa reunión te reportará más estrés que alegría o si no estar presente en ella te producirá tristeza. Conviene pensar en si el hecho de no acudir podría suponer una renuncia a experimentar algún tipo de alegría. A continuación se ha de evaluar la segunda pregunta: «¿Cómo puedo hallar la energía positiva y el poder ocultos en este desafío?». Es evidente que la situación puede ser una buena oportunidad de solventar las diferencias con el familiar con en que estamos en conflicto. Tal vez, Leslie, esa persona esté en verdad en tu mismo grupo de almas y la circunstancia se convierta en un trance favorable para elevar tu nivel de vibración, por medio de la práctica del amor, la compasión y el perdón.

Las respuestas a estas dos preguntas siempre sirven de ayuda a la hora de identificar todo aquello que es importante para cada cual y en qué medida puede ello suponer un crecimiento personal a partir de una determinada experiencia. Es conveniente recordar que dentro de cada uno de los seres humanos hay una fuerza vital divina. Si intentas conectar con esa energía, si le pides a tu alma que hable con la de la persona con la que tienes desavenencias con objeto de aportar paz a la relación, es más que probable que te sorprendas de los resultados. Basta con tener presente que siempre es más importante experimentar alegría que tener razón.

No obstante, Leslie, cuando tratas con alguien que no es capaz de aceptar o procesar el amor, y que realmente no hace otra cosa más que perjudicar tu percepción de la alegría, es preferible desprenderse de su energía. Se puede amar y perdonar a distancia, en especial en el marco de una relación de intimidación o de maltrato físico o emocional.

Sé que puede parecer que las personas egoístas u obsesionadas consigo mismas siempre consiguen lo que desean. Después de todo, se trata de gente que centra todos sus pensamientos y toda su atención en las cosas que quiere, por lo que no hay duda de que manifiesta esas cosas en mayor medida que una persona que se dedica sobre todo a los demás o a trabajar por los demás. Este es un perfecto ejemplo de cómo es posible aprender incluso de las personas que solo atienden a su propio interés. Si tú te centras en tu propia alegría y tu propio gozo será posible que los crees sin esfuerzo. No hay razón para que una persona egoísta pueda manifestar experiencias gozosas y tú no. Basta con que pienses que mereces tu alegría tanto como los egocéntricos creen que merecen la suya.

Si se tiene en cuenta que las almas se expanden experimentando la polaridad de la energía, parece claro que es posible crecer lo máximo a partir de relaciones con personas muy distintas de uno mismo. Sin embargo, también

es cierto que cada tipo de energía atrae energías de las mismas características. Por consiguiente, si hay alguien en tu vida, ello se debe a que esa persona posee una cualidad similar a una que tú posees o desearías poseer. Si
notas cierto resentimiento por el seductor joven que atrae las miradas de todas
las chicas del bar, ello significa que deseas poseer ese carisma y ese atractivo.
A veces, las personas que tienen cualidades de las que tú careces ponen de
manifiesto que tú tienes derecho igualmente a experimentar alegría.

En cualquier caso, conviene detenerse un momento a recordar que no
todas las relaciones llevan implícito un reto. Ten presente, Leslie, que hay
amor y apoyo que te es enviado desde todo tu entorno, incluso aunque la
energía no proceda de la persona hacia la que tú proyectas la tuya. Es importante pensar en que toda la energía que creas regresa a ti. Así pues, si amas
a alguien y esa persona no te envía su amor en correspondencia, siempre
recibirás energía amorosa que proceda de otras personas o de ciertas experiencias. Y, aun en el caso de que la energía amorosa no te sea devuelta por
tu pareja sentimental, es fundamental que ames y que expreses tu gratitud
por poder hacerlo.

Es preciso concentrarse siempre en aquello que se aprecia en la pareja y
no en los defectos que nos exasperan. Es fácil de imaginar la gran diferencia de energía que generarás cuando te sientas a conversar con tu pareja y
le vayas diciendo todas las cosas que hace y que para ti significan sentirte
amada o amado. En tal situación es posible expresar lo mucho que aprecias
esos pequeños detalles, a veces tan nimios como sacar la basura o preparar
la cena. Es fácil de imaginar igualmente la medida en la que la pareja deseará
expandir y multiplicar sus actos de amor, ciertamente mucho más que si la
conversación se reduce a sus defectos y a las cosas que debe cambiar.

Una persona que conoce bien el poder del amor y la pasión es **Meggan
Watterson**, autora, entre otros, de *How to Love Yourself (and Sometimes other
People)*.[*Cómo amarte a ti mismo (y a veces a otras personas)*]. Es la fundado-
ra de REVEAL, una organización que trabaja por la consecución de poder

espiritual para que la mujer conecte con el amor presente en su interior, para reivindicar que sus cuerpo es sagrado y para convertir a la mujer en agente del cambio en el mundo a partir del alma. La escritora narró en una de sus obras su historia de amor e influencia angélica y yo deseo reproducirla aquí con sus propias palabras:

He encontrado mi alma gemela, o al menos un alma gemela. Creo firmemente que es el amor de mi vida. El pasado invierno nos unimos por intervención de una mujer que me invitó a un centro de retiro espiritual en el que ambos trabajaban enseñando un programa que se basaba en mi primer libro, Reveal. *Fue un amor a primera vista. Un profundo conocimiento óseo me ayudó a identificarlo. Esa primera noche le dije «Me siento agradecida por el hecho de que tú existas». Y ahora, un año después, esa gratitud aún irradia cada vez que estamos uno en el otro. Soñé que lo encontraba 12 años antes de que nos conociéramos. En el sueño aparecía la palabra «devon». La semana pasada estuvimos en un hotel cerca de donde él vive; se llamaba Devonfield Inn (sonrisa), Nuestra conexión es en ocasiones tan poderosa y nos trasciende de tal modo que nos lleva hasta las lágrimas, vertidas en silencio, porque no hay palabras que puedan expresar tanta intensidad en las profundidades del alma.*

Mi ego-yo imaginaba que en el momento en el que encontré a este hombre de «devon» él ya me conocía también. Evidentemente, se produjo una expansión natural y apacible que nos envolvió a los dos, de manera que nuestra relación se hizo cada vez más profunda con la mayor facilidad (sonrisa). La realidad es que los dos sufrimos una especie de desmantelamiento del propio ego, un proceso que resultó al mismo tiempo doloroso e intensamente sanador Me sentía más libre que nunca. Y también maravillosamente viva.

A veces nos asaltaba la duda de si podríamos realizar un trabajo de alma tan vehemente y continuar siendo pareja al mismo tiempo. ¿Hay modo de sentirse en el paraíso aquí, en el día a día en la vida terrena? ¿Puede existir un amor tan épico que se sienta en, por llamarlo de alguna forma, dosis diarias, tan mundanas? Pasamos momentos de unión y, a continuación, momentos de separación, siendo profundamente conscientes tanto de unos como de otros. Ello se expresa también por el hecho de que en cada momento vivimos en estados separados. Una tarde, en la que vivíamos una de nuestras fases de separación física, me sentí tan alejada de él que comencé a rezar. Desde el principio sentí que los dos recibíamos un intenso apoyo del reino espiritual. Por consiguiente, en vez de sufrir, dudar y anhelar, pedí al ángel de nuestra relación que apareciera. Normalmente mis encuentros con ángeles suelo experimentarlos desde mi propio interior, en mi corazón. Pero en este caso fue algo diferente. Sentí la presencia física de alguien que entraba en mi dormitorio. Me senté en la cama con la respiración entrecortada. No podía ver a nadie, pero sabía que no estaba sola. Sentí su presencia a la derecha de la cama. Miré en esa dirección y, apenas durante un fugaz instante, aprecié un destello de la luz roja más intensa que hubiera visto jamás. Me invadió un escalofrío y las palmas de las manos me empezaron a sudar. A continuación escuché una voz procedente de mi interior que me decía: «Él está contigo… también ahora. Todo es tal como debe ser. Él te ama como tú lo amas a él». A continuación observé una imagen del símbolo de infinito y una ingente y vivificante oleada de placidez se expandió sobre mí. Luego afloró desde mi propio interior una sensación de intensa entereza y supe que todo iría bien. Ello no equivale a afirmar que supe lo que iba a suceder en el curso de nuestra relación o si esta iba a concluir a lo largo de nuestras vidas. Solamente fui consciente de que, con independencia de lo que nos deparara el futuro, yo me convertiría en más amor gracias a nosotros dos. Una vez referida esta experiencia, Margaret, esta es mi pregunta: ¿Cómo podemos saber si un alma gemela puede ser al mismo tiempo nuestra pareja sentimental durante toda la vida?

En primer lugar me gustaría mostrarte mi mayor gratitud, Meggan, por compartir esta experiencia tan personal y por plantear una pregunta de tanto recorrido potencial. Son muchas las personas que han hallado a alguien a quien consideran su alma gemela. En este contexto, entiendo como tal a alguien que se ha liberado dentro de ti y en cuyo interior te has liberado tú simultáneamente, una experiencia equiparable a la del nivel amor que se siente como yo superior. Esta persona ha entrado en tu vida para conducirte a la más elevada expresión de tu alma en tu cuerpo y tú haces lo mismo por ella.

La respuesta a tu pregunta, Meggan, que sé que ya conoces, es que no puedes saber si alguien, aun siendo tu alma gemela, será tu pareja durante toda tu vida. La aparición del símbolo de infinito en tu visión es una referencia al profundo nivel de complejidad e indestructibilidad de vuestra relación. Asimismo alude a la certeza de que todas las relaciones (a nivel del alma) son infinitas. Por consiguiente, cuando una persona asume ese tipo de energía y se preocupa por si esta perdurará a lo largo de esta encarnación, es casi como si se enviara inadvertidamente un mensaje energético que limitara la confianza en la solidez de ese amor. Cuando alguien se proyecta hacia el futuro y plantea posibles dudas sobre si un amor se prolongará durante toda una vida, en esencia se está intentando asimilar un sentimiento por definición inconmensurable a una cantidad de tiempo susceptible de medición.

El resto de este menaje va dirigido a Meggan, pero también es aplicable a todos aquellos que lo lean. En esta encarnación física que estáis experimentando, hay una buena parte de vuestro grupo de almas que se ha encarnado con vosotros y que tienen la capacidad potencial de ser vuestras almas gemelas. Es este caso no pretendo utilizar ese término para referirme a una relación sentimental. Se trataría más bien de alguien que se elige en el estado de alma, de alguien que entra en vuestra vida para contribuir a vuestro desarrollo, al igual que vosotros hacéis en la suya, con un mismo efecto. Ese desarrollo es a veces fluido y cómodo, mientras que otras constituye un verdadero reto. Este sería el caso del desmantelamiento del ego al que hace referencia Meggan, que nos enseña que no es preciso mantener el control de todas las variables para ser feliz en la vida. Antes al contrario, cuanto más se intente controlar las relaciones en el propio entorno, mayor será la probabilidad de experimentar resentimiento y emociones confusas. En cambio, si se permite que las situaciones fluyan libremente, habrá más posibilidades de que las relaciones sean igualmente más fluidas, al dejar de plantearse expectativas que, en última instancia, se constituyen en potencial fuente de decepción. Si se es una persona controladora, la relajación de ese control hará que fluya más amor hacia ella. Si mantenéis una relación en la que sois objeto de control, conviene que pidáis a vuestros ángeles que contribuyan a determinar qué debe mostrar la persona que os controla en lo que se refiere a vosotros mismos. ¿Qué estáis intentando controlar vosotros?

Quisiera poner fin a este capítulo hablando de una historia de la propia vida de Gerry, a partir de la cual obtuvo un conocimiento más profundo de sí mismo y de sus relaciones. Utilizando sus propias palabras:

Cuando estaba aprendiendo masaje terapéutico, la instructora nos comentó a los alumnos que, cuando comenzáramos a trabajar con pacientes, sería posible que sintiéramos que nuestro propio dolor físico se incrementaba y que los clientes y pacientes podrían hablarnos de situaciones en sus vidas que se asemejaran mucho a otras experimentadas por nosotros. Indicó también que todos debíamos ser conscientes de ello y trabajar en consecuencia sobre nuestras características personales, con objeto de no ver innecesariamente amplificada nuestra energía. Por aquel entonces yo acababa de divorciarme por segunda vez. Mi primera mujer sufría una creciente depresión, con esporádicos episodios de comportamiento psicótico (cinco años más tarde se quitaría la vida) y yo no tuve más remedio que implicarme en la caótica espiral de su existencia para intentar proteger a mis hijos. Ella hizo que se malograra también mi segundo matrimonio, con continuas amenazas y episodios dramáticos, hasta que mi segunda esposa, exhausta, no pudo soportar tanta locura y puso fin a nuestra relación. Estaba convencido de que algo en mi interior era lo que atraía todos estos problemas a mis relaciones personales. Por aquel entonces comencé a asistir a reuniones de la organización Codependientes anónimos (CoDA). En ellas se aplicaba un modelo de doce pasos, basado en las mismas pautas que se utilizan en Alcohólicos Anónimos y centrado en ayudar a las personas que no mantenían relaciones sanas y funcionales. Me sentí reconfortado al saber que no era yo el único acosado por mis problemas y por mis propios pensamientos. Mucho antes de haber oído hablar de nada ni por lo más remoto metafísico, parecía notar cierto alivio al reorientar todas mis aflicciones y preocupaciones hacia un desconocido «poder superior». Una noche, después de haber asistido a una reunión de CoDA, tuve un sueño en el que evocaba un recuerdo de la vida real que se remontaba a mi infancia y que se refería a un hecho en el que no había vuelto a pensar desde hacía años:

Cuando tenía unos 5 años, mis padres me llevaron a un parque de atracciones próximo al lugar en el que vivíamos. Por aquella época comenzaban a venderse los primeros globos llenos de helio y yo enseguida pedí a mis padres que me compraran uno. Así lo hicieron, pero mi madre me lo ató a la muñeca, preocupada porque pudiera salir volando, convirtiéndose en un gasto de dinero inútil. Mis padres pasaban por importantes estrecheces económicas y todos los gastos eran rigurosamente controlados por mi madre.

Mientras paseábamos entre las atracciones, oí que una mujer gritaba. Me giré y vi que estaba regañando a un niño más o menos de mi edad por haber dejado escapar su globo. A pesar de la reprimenda de su madre, el niño miraba sonriente cómo el globo ascendía hacia el cielo estrellado iluminado por los reflejos de las luces del parque. En un determinado momento el niño se dio cuenta de que yo también estaba mirando su globo; nuestras miradas se cruzaron y los dos esbozamos una sonrisa, para volver enseguida a observar el globo, quedando absortos mientras subía más y más hasta perderse de vista. Cuando desapareció, los dos rompimos a reír y el otro niño continuó haciéndolo mientras su madre lo arrastraba a empellones, sin dejar de abroncarlo por haberse quedado sin globo. En el viaje de regreso a casa, yo seguía mirando al cielo intentando percibir aún algún destello del globo entre las estrellas.

Cuando llegamos a casa, mi madre me quitó el globo de la muñeca y lo ató bien a una barandilla de la cama para evitar que lo echara a volar por la ventana. Me fui a dormir mirando el globo que oscilaba sobre mí, agradecido por no haberlo perdido como el otro niño, pero sin poder evitar una sonrisa al recordar aquel globo ascendiendo hacia el cielo. Como es lógico, lo primero que hice al despertarme la mañana siguiente fue mirar donde se supone que el globo debía estar flotando sobre mí, pero allí no había nada. Se había desinflado y solo quedaba una bolsa arrugada en el suelo, amarrada a una cuerda caída. Papá y mamá consolaron mi llanto, diciéndome que probablemente estaría defectuoso y que papá iría a pedirle otro globo a quien nos lo vendió la próxima vez que fuéramos a ese parque (por entonces no se sabía que el helio se escapa de los globos hechos con materiales porosos). Entonces deseé haber podido dejar volar mi globo, como había hecho el otro niño. Tenía que haberlo soltado para ver como se elevaba libre hacia las estrellas.

Las sensaciones que me produjo el sueño aún permanecían en mí cuando me desperté. Ese mismo día tuve que ir a casa de mi exmujer para recoger algunas cosas después de mi reciente divorcio, así que fui en coche a la casa en la que había vivido hasta poco antes. En la zona donde estaba era frecuente ver pasar globos aerostáticos y, de hecho, en sus proximidades se celebraba el festival estatal anual de aerostación. Me encantaba ese festival y siempre soñé con poder hacer un vuelo en uno de esos enormes globos, hasta que descubrí que los pilotos que los dirigen no tienen en realidad ningún control sobre la trayectoria que vayan a seguir, salvo en lo que respecta a hacerlos ascender o descender. El resto del recorrido depende exclusivamente del viento. Después de haber vivido un primer matrimonio inmerso en el caos y la imprevisibilidad, siempre prefería optar por lo previsible. Me gustaba saber desde dónde despegaría y dónde aterrizaría, con la seguridad de conocer el lugar en el que volvería a poner los pies en el suelo.

De repente me di cuenta de que todo lo que quería era mantener el control sobre mi existencia, mientras que lo que había hecho era vivir una vida caracterizada precisamente por la más total ausencia de control. ¿Por qué motivo no se cumplía este deseo? Mis pensamientos volvieron al sueño de la noche anterior, y entonces comprendí cuál era la causa. El control *era lo que se manifestaba cuando mi madre me ató el globo a la muñeca. Experimenté el placer de tener el globo durante un tiempo breve, pero ese placer cesó pronto. En cambio el otro niño sintió verdadero gozo mientras contemplaba cómo su globo se alzaba hacia el cielo en la noche. En ese momento supe que lo que en realidad siempre había deseado era libertad. Hasta entonces mi deseo no se asociaba con seguir manteniendo una relación, sino al temor de perder a la persona con la que mantenía esa relación, y la energía vinculada a este temor ya había acabado con mis dos matrimonios.*

Bien, mis amados seres queridos, una vez conocida esta experiencia de Gerry, conviene que recordemos una reflexión que probablemente hayáis oído alguna vez: «Si amas a alguien, déjalo ir. Si regresa es tuyo; si no, nunca lo fue». Lo cierto es que ninguna otra persona ni ninguna relación es realmente vuestra. Sin embargo, cuanta más libertad se le dé a una persona para que haga lo que su alma desea, que no es otra cosa que expandir su energía, más aprecio y más amor os profesará a vosotros, expandiendo a su vez vuestra alma.

¡Dejad que los globos vuelen alto!

CAPÍTULO
7

EL SEXO Y EL ARTE DE NO JUZGAR

«Al nivel del alma, no se tiene criterio para poder identificarse sexualmente uno mismo».

Una de las áreas más confusas del conocimiento humano es la sexualidad. Con frecuencia, el sexo se entremezcla con temores y vergüenzas asociados a determinadas interpretaciones sociales y religiosas. La noción original que subyace a la creación de normas y regulaciones referidas a la sexualidad se relacionaba con el interés por la protección de la propiedad. En origen, las esposas, los hijos y los animales se consideraban extensiones de la propiedad personal de un hombre, por lo que se establecieron leyes sociales destinadas a protegerlos. Reminiscencias de esta perspectiva aún pueden percibirse en la mentalidad moderna, en tanto que la sociedad aún considera a ciertos grupos como inferiores a las estructuras de poder, que se supone que deben encargarse de *protegerlos*.

Tales antecedentes hacen que la escritora, educadora sexual y artista de *performances* **Barbara Carrellas** resulte la persona ideal para abordar la introducción al análisis del tema. Podría decirse que Barbara es una «antropóloga sexual», dedicada al estudio de cómo las sociedades interpretan el sexo, y que expande energía positiva por el mundo, intentando influir en las actitudes relacionadas con este acto de amor. Es autora de *Ectasy is Necessary: A Practical Guide (El éxtasis es necesario: guía práctica)* y de *Urban Tantra: Sacred Sex for the Twenty-First Century (Tantra urbano: sexo sagrado para el siglo XXI)*. Bárbara plantea su pregunta en los siguientes términos:

> *Gran parte de nuestras creencias sobre preferencias sexuales, identidad de género y normas para mantener relaciones saludables se basan en contraposiciones binarias: se puede ser heterosexual o gay, normal o pervertido, hombre o mujer, monógamo o promiscuo. Sin embargo, en la actualidad todo eso está cambiando. Mucha gente rechaza estas dicotomías. Hay así personas que se consideran sexualmente fluidas, intergénero (gender queer), practicantes de perversiones conscientes o poliamorosas (por citar solo algunas de las tendencias opuestas a las premisas binarias). ¿Por qué motivo se han dado a conocer todas estas corrientes en los últimos años? ¿Perdurarán en el tiempo?*

Estás en lo cierto al afirmar que parece que este tipo de tendencias opuestas a los planteamientos dicotómicos han experimentado una eclosión en los últimos años. No obstante, en realidad, también ha habido otros periodos de la historia en los que la sexualidad ha sido mucho más «fluida», como tú misma has indicado en ocasiones. La mayor parte de los cambios que están registrándose en la actualidad no solo se correlacionan con la propia energía de la sexualidad, sino también con el alma, que desea expresar su auténtica naturaleza.

En numerosas culturas la sexualidad se contempla como una función social, más que como una simple forma de obtención de placer. Sin embargo, la energía sexual no es generada por el cuerpo ni por la mente; es una energía creativa que procede de la propia esencia del alma. Es precisamente esa percepción de energía expansiva y de extremo gozo lo que resulta difícil de contener en una forma humana.

Cuando el alma se encarna en una determinada forma humana con más frecuencia que en otra, la energía puede identificarse con aspectos de la forma encarnada más habitualmente. Ello influye en el género por el que una persona se siente atraída y también en el género con el que se identifica, con independencia del sexo con el que se haya nacido. Por tal motivo, muchos se identifican a sí mismos con etiquetas preestablecidas que definen a las personas como *gay*, lesbiana, bisexual, transgénero, etc.

Al nivel del alma, no se tiene criterio para poder identificarse sexualmente uno mismo, independientemente de la forma humana que se haya asumido o de que se adopte la decisión consciente de alterar esa forma. La única cosa importante para un ser en su estado de alma es expandir su energía y expresar alegría y gozo en todas sus experiencias. Así pues, si en algún momento de la propia encarnación se decide que se es un hombre que siente atracción por otros hombres, ello no se considera «equivocado». El único elemento a tener en cuenta es si esa persona tiene de ese modo capacidad para expresar su energía siguiendo pautas amorosas y compasivas, tanto hacia sí mismo como hacia los demás, o bien si oculta y retiene esa energía por miedo al modo en el que su entorno reaccionará a su decisión.

Los yo superiores observan que hay muchos humanos que, en última instancia, temen ser ellos mismos, como consecuencia de los condicionantes familiares, sociales o religiosos. Esta reacción fundamentada en el temor impide que la energía del alma pueda crecer, al restringir el flujo de amor, compasión y comprensión. Las almas desean expandir el universo a través del pensamiento, pero han de hacer frente a una tumultuosa batalla en el área de la sexualidad. En esa batalla, es posible que un día haya una expansión de aceptación, mientras que, al día siguiente, cualquier contratiempo puede hacer que esa energía se desplace al terreno del temor. En consecuencia, los yo superiores están animando a los humanos a experimentar nuevos enfoques para optimizar las vías de expansión del amor, la compasión y la alegría, y esa es la razón del actual auge de las tendencias a las que aludes, Barbara.

Por ejemplo, en un plano básico, los elementos que han determinado la difusión del movimiento en pro de los derechos de los homosexuales no se han centrado solo en las múltiples movilizaciones políticas y sociales que se han desarrollado. También ha resultado esencial el hecho de que el amor y la compasión y, en este caso, también la comprensión, se han constituido en parte integrante de la forma de pensamiento colectiva a este respecto. En este ámbito los pensamientos individuales sirven como impulso, al ser compartidos por los yo superiores para transformarse en una forma de pensamiento colectivo, que a su vez constituye el marco en el que los pensamientos pasan a transformarse en conciencia colectiva en el plano físico.

Cuando muchas personas asumieron de forma simultánea que tenían un ser querido que se identificaba con una sexualidad que difería de la norma socialmente aceptada, se hallaron ante el dilema de decidir quién estaba en lo cierto y quién equivocado y, en términos generales, optaron por el amor. Respondieron con compasión y solidaridad. Decidieron que nadie estaba equivocado, que unos y otros tenían derecho a su propio pensamiento. Y esa es precisamente la postura que se mantiene en el estado de alma. Nadie está en lo cierto y nadie está equivocado. Solo prevalece el abrumador deseo de expresar el gozo del alma a través del cuerpo: todo lo que suponga una sensación positiva se considera correcto.

También es conveniente, por otra parte, aludir brevemente a otras posibles opciones, como los «poliamorosos» o los practicantes de las llamadas «perversiones conscientes». Este probablemente sea el término más interesante de los asociados a las nuevas corrientes que se están generando en este ámbito. Si se acepta que la propia forma humana recibe un «soporte vital» de alguna clase de energía procedente del entorno exterior y esa energía se identifica con la propia consciencia, el hecho de considerase un «pervertido consciente» significa que se busca explorar la propia sexualidad de un modo que no produce rechazo, al ser un medio de acceder a la propia consciencia.

Las nociones de perversión, desviación o parafilia se asocian a una expresión de la sexualidad que *dobla* o *deforma* los patrones de interrelación sexual convencionalmente aceptados. Sin embargo, a diferencia de lo que sucede en un doblez de una manguera, que la atasca y dificulta o impide el flujo, esa deformación situada en el marco de una relación sexual en ocasiones puede tender a amplificar la dimensión del placer y de la expresión de gozo, hecho que sin duda favorece que la energía fluya más libremente.

Este tipo de tendencias sexuales no son algo que sea experimentado solo por grupos reducidos de personas en una sociedad. Por ejemplo, *50 sombras de Grey*, uno de los libros de mayor éxito de ventas de los últimos años, y su correspondiente adaptación cinematográfica, también uno de los estrenos más esperados, tratan la historia de una joven que se siente atraída por un hombre de gran éxito, que expresa su sexualidad a través del sadomasoquismo. Aunque se han formulado ciertas críticas relativas a determinados componentes de esta narración, creo que la razón por la que muchas personas han respondido mostrando interés por la historia es la manera en la que la protagonista decide rendirse a ese hombre, al igual que el modo en el que, en muchos aspectos, él aprende también a rendirse ante los sentimientos que profesa hacia ella.

La confianza y la entrega son elementos esenciales a la hora de explorar las diferentes formas de placer sexual, en la misma medida en la que el hecho de mantener una actitud mental abierta ante las nuevas experiencias y el propio apetito van progresivamente ampliando el espectro de placer potencial al probar nuevas clases de alimentos. A menudo pensamos que algunas comidas no van a gustarnos hasta que no las probamos y en cambio, a partir de entonces, se convierten a veces en nuestros alimentos favoritos. Lo mismo puede afirmarse para las diferentes formas de expresión sexual.

Ya se trate de alimentos o de sexo, la mayoría de los humanos tenderán a probar cosas diferentes siempre que, en el segundo caso, experimenten un sentimiento de confianza hacia la otra persona, que les ofrece la oportunidad de explorar la opción correspondiente. Cabe la posibilidad de que les satisfaga o de que no sea de su agrado. En cualquier caso, la confianza y la entrega son los elementos comunes que permiten probar opciones nuevas.

Conviene recordar que el chakra responsable de la producción de toda la energía creativa es el mismo que genera y regula la energía sexual. En consecuencia, no debería suponer una gran sorpresa el hecho de que la apertura de este chakra haga que la persona se sienta *creativa* y dispuesta a conocer nuevas opciones a la hora de experimentar placer sexual.

En la medida en la que las almas de los seres humanos evolucionan —y, no nos engañemos, con independencia de en qué términos se consideren en determinados momentos la angustia y la desesperanza de la condición humana— es importante tener en cuenta que esa evolución es un proceso permanente, un proceso que hace que los humanos busquen alegría y disfrute en sus experiencias personales.

El alma es ciertamente consciente de que esta situación hace que sea necesaria una vida plena de amor, compasión y ausencia de elementos que impliquen establecer juicios de valor sobre los demás. Muchos de los que sienten que su capacidad de amar sin juzgar se ve incrementada notan que también se expande al mismo tiempo su disposición para amar a más de un ser humano con la misma intensidad. En este marco se encuadra el desarrollo de lo que se ha dado en llamar el «movimiento poliamoroso». A nivel del alma, si se expresan amor y alegría y se comparten experiencias con personas con formas de pensar similares, sin deseo de lastimar, perjudicar o controlar a los demás de ningún modo, también en este caso se aprecian elementos que denotan ausencia de formulación de juicios de valor. Es probable que, a medida que se continúe desarrollando un pensamiento más expansivo e indulgente, se establezcan también más «relaciones abiertas». Tal vez, el alma precise también buscar una mayor expansión a través de nuevas experiencias; es probable que esa necesidad tenga como una de sus manifestaciones el elevado número de divorcios que se registra en muchos países.

El pensamiento está en permanente expansión y, a medida que esta se produce, se amplían asimismo los confines de la sexualidad. Lo que aún está por determinar es a qué ritmo se expandirá con él la sociedad.

A menudo he utilizado la analogía de que la vida es una película en la que todos vosotros sois los personajes principales de vuestras sorprendentes historias. Es probable que el papel de «intérprete» nunca sea más significativo que en lo que respecta a las relaciones sexuales.

El sexo en la única *destreza* en la que se supone que cualquiera es experto, sin haber recibido ninguna clase de formación y quedando, al mismo tiempo, con un grado máximo de exposición y de vulnerabilidad. El hecho de ser virgen se ha convertido en realidad en una especie de estigma. En vez de celebrar su inocencia y de apreciar el fascinante futuro que se abre ante ellos, muchos jóvenes que aún no han mantenido relaciones sexuales parecen sentirse obligados a justificarse por su falta de experiencia. Los nuevos amantes esperan que su primera vez sea algo mágico, sin considerar que no han podido tener tiempo de conocer las preferencias o la sensibilidad de su pareja. En estas situaciones a veces no se sabe bien cómo proceder, asumiendo una dinámica de simple ejecución y cumplimiento, más que una actitud de comunicación sincera. La incapacidad para mantener un diálogo fructífero con la pareja para aprender más de sexo tiene su origen en el sentimiento de vergüenza. La mayor parte de los adolescentes rechaza la imagen de sus padres manteniendo relaciones sexuales y, recíprocamente, los padres no quieren ni pensar en sus pequeños practicando sexo. El resultado de esta situación es que nadie quiere hablar a la otra parte del asunto.

Tengo la certeza de que, a medida que se vaya evolucionando, será posible desarrollar los cauces de comunicación más idóneos para disfrutar del vivificante progreso de la práctica del sexo, sin plantearla como si se tratara de una simple tarea.

Un caso claro de instrumentalización del sexo, que sin embargo sirve para que muchas personas aprendan sobre varios aspectos relativos a las cuestiones sexuales, es la pornografía. Aunque se han registrado encendidos debates sobre este tipo de industria del sexo, conviene puntualizar que, a nivel del alma, los vídeos y películas pornográficos no son más que una manera como otra cualquiera de contar historias. La diferencia entre percibirlos como una forma más de entretenimiento, amena, divertida y a veces informativa, o como algo que puede llegar a convertirse en una peligrosa obsesión, estriba no tanto en el resultado de la grabación, como en el resultado del estado psicológico de quien la visiona.

Muchos de los que se dedican a hacer cine para adultos consideran que sus producciones en realidad ayudan a que la gente mantenga una actitud más sana, abierta y lúdica ante el sexo. También muchos de ellos, como muchos de vosotros, son personas profundamente espirituales. Tal es el caso de la actriz de cine para adultos *Bailey Jay*. Es una incansable defensora de los derechos de los transexuales y, aunque enfoca con la mayor seriedad todos los aspectos de la problemática relacionada con la igualdad de género, también se caracteriza por un singular sentido del humor, que hace que mantenga una actitud moderada y desenfadada ante casi todas las facetas de la vida. Gerry y Bailey se conocieron cuando ella esta estaba buscando ayuda para sanar a personas, sobre todo transexuales, afectadas por sentimientos de culpa sexual. Uno de sus sueños es crear un centro de sanación espiritual cerca de su casa, en el estado de Nueva York. Su pregunta es un ejemplo del modo en el que el mundo sexual puede enlazar con el resto de los aspectos de la vida. La pregunta de Bailey es la siguiente:

¿Crees que el sexo podría incorporarse a la práctica de la sanación espiritual o es preferible mantener ambas áreas separadas?

Es interesante el modo en el que esta pregunta refleja el deseo de fusionar los mundos del cuerpo y el espíritu, aunque lo cierto es que, en realidad, puede decirse que *ya* están fusionados. La energía sexual es energía espiritual, o del alma. Así pues, cuando se siente esta energía, se experimenta una descarga de energía espiritual, en especial si se percibe de un modo placentero, divertido e imbuido de alegría. El proceso estrictamente físico también tiene un gran potencial sanador, ya que induce la producción por parte del cerebro de compuestos químicos que aminoran el estrés e inducen sensación de bienestar.

La energía sexual, que en esencia es una de las más profundas expresiones de placer y de alegría que pueden experimentar los seres humanos, se genera en el nivel del yo superior. Desde él se filtra al plano físico, de manera que, cuando se siente atracción por otra persona, se crea una respuesta en el cuerpo que aumenta el deseo personal para generar una experiencia de placer sexual.

A los seres humanos con frecuencia les resulta muy difícil abrir su mente y asimilar la noción de goce de uno mismo en su día a día, así como asumir la importancia de focalizar su tiempo, su atención y sus emociones directamente en ellos mismos. Y, sin embargo, *deben* permitirse la autogratificación cuando su cuerpo crea la energía y el deseo de placer sexual.

La masturbación es un acto de amor por uno mismo, y muchas veces va acompañada de vívidas fantasías, incluso en personas para las que no suele ser fácil crear imágenes claras de otros aspectos de la vida. Ello se debe a que la energía sexual se origina en el mismo chakra del que emana la energía creativa. Y es esa energía creativa de la fantasía, junto con la acción física de satisfacer el deseo del cuerpo de sentir placer y de ser tocado, lo que genera la manifestación de intensas sensaciones corporales, que conforman lo que se define como «orgasmo». Utilizo la palabra «manifestación» porque la energía sexual es una de las forma más puras de manifestar energía de las que el ser humano dispone. Sin formular juicios de valor y sin experimentar sentimientos de culpa relativos al amor hacia uno mismo, se consigue aplicar una poderosa energía en esta área.

Las fantasías sexuales definen un campo en el que es posible tener cualquier experiencia deseada y con cualquier persona que se desee. Lo que hace que esta experiencia de manifestación sea tan poderosa es que, a través de las fantasías, se imaginan hechos potenciales como si sucedieran en realidad y, a continuación, a través del acto de autoamor, es posible percibir el placer que esa experiencia haría sentir *en el momento presente*. Por medio de este proceso se ponen en juego todos los recursos que permiten que la manifestación se exprese en el pensamiento, aunque con un importante rasgo diferenciador: en general, se está tan acostumbrado a ser consciente de que esa experiencia *no* es real, que, tan pronto como se desvanece, se niega la realidad de la fantasía que se ha creado y, en ocasiones, se va incluso un paso más allá, llegando a padecer sentimientos de culpa por el simple hecho de haberla imaginado.

Los hombres han establecido numerosas leyes morales y pautas de comportamiento convencionales que consideran la masturbación como un acto del que hay que avergonzarse. Ello se debe a que una de las maneras que los poderosos han utilizado tradicionalmente para mantener su estatus de predominio ha consistido en asegurarse de que los demás no sientan nunca sensación de poder. Ciertas culturas consideran que la masturbación es especialmente execrable cuando la practica la mujer, ya que en dichas culturas, los estamentos que ejercen la supremacía rechazan la idea de que la mujer experimente sensación de poder o placer sexual sin la participación del hombre. Y sin embargo, a pesar de ello, se trata de un acto que ha continuado perdurando a lo largo de la evolución humana y, en la actualidad, parece ser mejor aceptado, al ser mayor el número de personas que mantiene actitudes de rebelión contra el control del pensamiento.

Los pensamientos asociados a las fantasías sexuales, por lo demás carentes de cualquier responsabilidad para con los demás, son manifestaciones personales y, en este ámbito, las personas han de sentirse plenamente libres. Dado que, en el momento del orgasmo, el cerebro libera compuestos químicos que hacen que el pensamiento se sienta libre para producir placer, las personas continúan teniendo fantasías sexuales y practicando la masturbación, y lo positivo de este hecho es que, a través de él, se pone de manifiesto una clara interrelación entre la esencia del alma y el deseo de esta de experimentar libertad y placer.

Como ya he dicho antes, las personas, como almas, no tienen problema alguno en lo que respecta al sexo, las fantasías o la masturbación. Nosotros, como ángeles, no debemos formular ningún juicio de valor relativo a estas cuestiones, como tampoco lo hace el Creador. Se trata simplemente de una parte de la expresión creativa de cada uno y del deseo de experimentar placer y alegría. Los únicos casos que pueden ser problemáticos son aquellos que transgreden la libertad de otros o en los que se fuerza, se coacciona o se manipula de un modo u otro a los demás para cumplir esas fantasías, en especial si son niños o jóvenes o, en cualquier caso, seres débiles o vulnerables.

Aunque pueda suscitar importantes controversias, me gustaría proponer la idea de unir los mundos de la sexualidad, la espiritualidad y la sanación, como Bailey sugiere.

Imaginad que tenéis algún tipo de conflicto con vuestra pareja y que liberáis el estrés a través de la fantasía de estar con otra persona. Si en vez de eso, fantaseáis con estar con vuestra pareja y con compartir con ella el amor y el placer, la liberación que experimentaréis dará lugar a la emanación de una energía de gran fuerza sanadora, que mitiga la percepción de disgusto y enojo y ayuda a generar los mismos sentimientos con los que se fantasea. Cuando estabais en los primeros momentos de vuestra relación, vuestras fantasías se centraban en la misma persona con la que estáis en la actualidad. Así pues, recordar a la pareja en esos primeros momentos y evocar su imagen de entonces, creando una regeneradora energía orgásmica, contribuye realmente a emitir energía amorosa que envuelva y regenere la relación.

Imaginemos ahora por un momento que, cuando se está practicando un acto de autoamor, no se piense en el sexo en absoluto. ¿Qué sucede si se evocan otras cosas placenteras cuya manifestación en la propia vida se desea? Supongamos que se piensa en lo satisfactorio que resultaría realizar el trabajo que más nos agrada recibiendo a cambio el dinero que en realidad nos gustaría ganar. En general, se tiende a estar condicionado por la idea de que, al realizar un acto físico de autoamor, los pensamientos solo han de centrarse en el sexo. Sin embargo, el autoamor es, efectivamente, *amor por uno mismo*. En consecuencia, el mero hecho de empezar a expandir los pensamientos en esta área, proyectándolos hacia otras ideas y áreas, es un medio de aportarse gozo a uno mismo. Cuando se *percibe* realmente sensación de placer en un determinado momento, al entrar en conexión con esos pensamientos, se genera una respuesta emocional y física de gran intensidad, que hace que sea más fuerte la manifestación del propio ser. Aunque pueda pensarse que ello no sucederá, es preciso ser consciente en todo momento de que se está trabajando con una energía muy poderosa procedente del centro creativo. Por otra parte, estos procesos mentales eliminan el sentimiento de vergüenza que muchos experimentan ante el acto físico de autoamor. Ello resulta de gran utilidad, en la medida en que el cerebro interioriza el sentimiento de culpa y lo transforma en una forma de pensamiento del tipo «Me siento injustificadamente culpable cuando tengo pensamientos placenteros y cuando practico el autoamor».

Del mismo modo, si se está plenamente presente cuando se está con el propio compañero sexual, es posible que los dos integrantes de la pareja compartan una poderosa energía al hablar de los lugares en los que pueden hacer el amor, manifestando la propia fortuna o viajando por el mundo. Permaneciendo unidos, el acto de placer realizado en el momento presente puede servir para manifestar más placer en el futuro.

Así pues, mis amados seres queridos, es ciertamente posible para vosotros aunar las potencialidades de manifestación de vuestra alma y la capacidad de experimentar sensaciones de vuestro cuerpo, a fin de crear al unísono posibilidades orgásmicas.

Por último, haciendo referencia a la conexión entre el mundo del espíritu y el físico, deseo dar respuesta a una pregunta planteada por *Linda Crea,* sanadora mediante energía espiritual de Southington, Connecticut. Linda plantea sus dudas en los siguientes términos:

> *Parece que los espíritus no temen compartir; por consiguiente, ¿qué cantidad de nuestra vida sexual es observada por ellos? He oído decir que nuestras almas tienen filtros. ¿Es eso cierto?*

Tu yo superior es consciente de tus acciones, querida Linda, pero la información que se descarga a las almas colectivas se refiere a la energía creada por las experiencias físicas. Este es el filtro al que aludes. Es ciertamente interesante para un alma saber de qué modo emplean las criaturas físicas el poder energético de la energía sexual. Sin embargo, el alma recibe esa información en la medida en que tú se la transmites a ella, no flotando en la atmósfera de tu dormitorio y observando realmente. El alma siempre manifiesta, además, un gran respeto por ti, por lo que ningún guía o espíritu visitará tu mundo físico sin tu permiso, salvo en el caso de que afrontes algún tipo de peligro y hayas solicitado con anterioridad ayuda o protección. Espero que esta respuesta resuelva tu duda y te expreso mi gratitud por ella, ya que son muchas las personas en el mundo que se plantean interrogantes similares.

UN MUNDO PERR...FECTO

El poder sanador de los animales

> *«La misma energía del alma que existe*
> *en los seres humanos habita en el resto de criaturas*
> *del planeta».*

En la asombrosa estructura física que es el planeta Tierra, fueron creadas millones de especies que contribuyen a mantener el equilibrio de vuestro mundo. En mayor o menor medida, todas ellas ejercen algún efecto sobre vosotros y sobre la conservación del planeta, aunque hay algunas que tienen una influencia más personal. Hablo de las criaturas que se han dado en llamar «mascotas». El acto físico de los mimos y arrumacos que se tiende a expresar en su presencia proporciona placer tanto al animal como a su amo, generándose en el proceso una ingente cantidad de amor que se comparte, incluso cuando no se está concentrado en él. Estos compañeros crean vínculos con los humanos que parecen desafiar toda posible explicación; así lo puede atestiguar **Kris Carr**, activista del bienestar, la vida sana y la alimentación vegana, que superó una forma grave de cáncer y que es autora de varios *bestsellers* incluidos en la lista de obras más vendidas del *New York Times*. Con profunda emoción Kris escribe:

> *Mi preciosa gata Crystal era como una hija para mi. Murió hace unos años y la echo de menos enormemente. Hace poco a Buddy, mi querido perro, le diagnosticaron la versión canina de la esclerosis lateral amiotrófica (ELA).*
>
> *El simple hecho de pensar en la pérdida de estos animales, nuestros hijos peludos, me resulta tan duro que solo escribir sobre esa pérdida hace que me broten lágrimas de los ojos. No sé cuanto tiempo más estará Buddy con nosotros y me asaltan algunas dudas. ¿Sabrá decirme cuándo le ha llegado la hora de dejarnos? ¿Podré hablar con él cuando se haya ido; estará aún conmigo? Ya sé que los animales tienen alma, igual que nosotros. Sin embargo, no estoy segura de cómo conectar con él y sentir su presencia cuando se vaya? Yo no puedo tener hijos, así que mis animales son mi familia y espero que los vínculos entre ellos y yo puedan reforzarse cada vez más, durante la vida y más allá de ella.*

Querida Kris, es maravilloso tener la oportunidad de dar respuesta a tus profundas y sentidas preguntas. Hablas de que crees que los animales tienen alma; no solo es cierto, sino que en realidad se trata de exactamente *la misma* alma que habita en las formas humanas. He de decir, Kris, que en este preciso momento tu yo superior ha tomado parte de su energía y la ha situado en todo el planeta en cuatro formas humanas distintas y en más de ciento cincuenta formas animales diferentes. Aunque te pueda parecer algo chocante, es posible también que te ayude a comprender en cierta medida la razón por la que experimentas esa sensación de afinidad con diversas criaturas. Realmente puedes sentir que hay en ellos una esencia de alma que tiene la misma importancia que la que hay en ti.

En numerosas culturas antiguas e indígenas se aboga por la naturaleza sagrada de todas las formas de vida. En tales interpretaciones todas ellas se contemplan como emplazamientos de un espíritu, de un alma. Se manifiesta una profunda reverencia y un trascendente respeto por todas las criaturas, porque se parte de la base de que todas las formas de vida tienen un propósito definido. Aunque tal propósito sea servir como alimento para la tribu, los miembros de esas comunidades ancestrales piden al espíritu del animal que habite en ellos, de modo que puedan conocerlo y honrarlo mejor por prestarse a compartir su vida. Tú estás ciertamente en sintonía con este tipo de percepciones, hasta el punto, en tu caso, de que en tu propia esencia está el firme convencimiento de no ingerir alimentos que procedan de animales.

Los animales domésticos han formado parte de la cultura del género humano durante siglos. Los gatos eran adorados como divinidades en el antiguo Egipto y los perros han sido durante miles de años animales de compañía, de guardia, de caza y dedicados a otras muchas funciones. Los humanos han establecido una relación especialmente estrecha con estas dos especies, porque se hallan especialmente próximas a su consciencia energética y, también, porque constituyen importantes ejemplos de lo que es en realidad necesario para disfrutar profundamente de la experiencia humana.

Se ha afirmado en repetidas ocasiones que los perros gozan de tanta aceptación y tanto reconocimiento por su capacidad de ofrecer a sus amos un amor incondicional y una lealtad a prueba de cualquier eventualidad. Son profundamente sensibles, protectores y fieles. No obstante, también inspiran amor en la misma medida que lo ofrecen, consiguiendo perfeccionar la capacidad de celebrar cada momento de la vida. Ellos lo festejan todo: el hecho de despertarse, de pasear, de comer o de hacer sus necesidades; no hay ninguna acción en su día a día que no realicen sin alegría. Ello es debido a que perciben que sus amos soportan una energía pesada e intensa y desean, por así decirlo, «aliviar la carga», para que puedan mostrarse tan felices como se muestran ellos. Ese es el motivo, asimismo, de que sean capaces de percibir si su amo se siente enfermo, preocupado o triste.

Existe la errónea creencia de que los perros tienen muy poca memoria a corto plazo, por el hecho de que responden de la misma manera cuando su amo llega a casa, sin importar que se haya marchado hace cinco minutos o hace cinco horas. Los humanos tienden a considerar que rasgos como ese son un «defecto de diseño», y no se trata de eso, ni mucho menos. Lo que sucede es que los perros consiguen que su corazón sienta emociones sin restricción alguna, y ello es lo que hace que resulten tan atrayentes y entrañables para los humanos. Hay muy pocas relaciones humanas que no se caractericen por la existencia de expectativas y condiciones vinculadas a esta liberación de amor, emoción y diversión. Podría decirse que, en muchos aspectos, aquello que no puede perfeccionarse en la existencia humana puede, en cambio, alcanzar la perfección cuando un alma se encarna en un perro.

Por su parte, los gatos ofrecen otro tipo de lecciones a los humanos cuando intentan comprenderlos, centradas en un modelo de rol de autoactualización y autocuidado, aunque aportando también amor, aceptación y alegría. Los gatos no buscan en primer término complacer a sus amos; son sin duda más independientes que los perros. En primer término, se concentran en satisfacer sus necesidades y, una vez satisfechas estas, solo entonces hacen extensiva su atención a los demás. Los gatos son extremadamente felices al encontrar un lugar soleado en el que poder echarse una siesta y no se sienten en absoluto culpables por ello. Cualquiera que sea el programa familiar diario de la casa en la que viven, ellos siguen siempre su propio horario. Comen solo cuando tienen hambre, beben cuando tiene sed y buscan compañía cuando las parece más oportuno. No obstante, cuando hacen esto último, a menudo liberan una energía amorosa tan intensa que se crea una vibración característica, conocida como «ronroneo». Ese ronroneo debe interpretarse como una expresión *pura*, como la esencia clara y libre de la energía que está siendo generada por el gato. Cuando ronronea, se sitúa en un plano energético elevado que, literalmente, le hace vibrar a un nivel superior. Esta vibración no es solo sentida por el animal, que básicamente experimenta un estado de gozo, sino también por todos aquellos que están a su alrededor. Ese es el motivo por el que a los humanos les gusta tanto arrullar o acariciar a un gato cuando ronronea. La energía que emana de él se caracteriza por ser tanto relajante como sanadora, y penetra en el cuerpo de quienes están en contacto con el animal.

Tú sabes muy bien que todo ello es cierto, Kris, ya que ese era el fundamento de la sensación que percibías cuando abrazabas a tu gata Crystal.

Me complace que te refieras a ella como tu «hija», porque la esencia de su alma fue verdaderamente como la de un miembro de tu familia en muchas ocasiones, y porque te aportó grandes dosis de energía sanadora que contribuyeron en su momento a tu propia recuperación. Es mucho más sano y reconfortante considerar a tus mascotas como niños, como seres cuyo cuidado nos ha sido encomendado, que como criaturas de las que somos *dueños*. A decir verdad, no se es dueño de nada en este planeta. Ese sentimiento de propiedad no es más que una ilusión creada por el género humano para satisfacer su sentido de la permanencia, de la posesión y de la abundancia. Sin embargo, cuando te conviertes en *padre* o *madre* de otro ser, la situación se transforma en algo por completo diferente. Los términos *padre* o *madre* se asocian etimológicamente a la noción de «creación» o «producción». Así pues, al convertir a tus compañeros animales en tus *hijos*, adquiere carta de naturaleza una de las razones de ser del alma, a saber, la elevación del ánimo de otras almas y la expansión de las percepciones de amor, compasión y ternura. En particular, cuando se rescatan animales abandonados, se elevan sus espíritus a una nueva situación de alegría que los convierte en la esencia de lo que son y ellos, a su vez, ensalzan tu alma y te ayudan a alcanzar nuevas cotas de amor, compasión y comprensión.

Ello me lleva a pensar en tu segunda pregunta sobre la comunicación entre las almas y, en tu caso concreto, en la conexión con la de tu *hijo*, Buddy. Él te ama con todo su corazón y toda su alma y su yo superior ha sido uno de tus amigos del alma más próximos. Para Buddy, lo peor que él siente por su marcha es el dolor que te causará a ti, ya que los perros manifiestan especial empatía por el dolor y la tristeza, siendo su mayor deseo inspirar y generar alegría y amor. Es muy probable que, cuando Buddy se sienta próximo a su tránsito, intente encontrar un lugar aislado, alejado de ti, para estar solo en su padecimiento. Cuando veas que busca lugares ocultos y sientas que su cuerpo se da por vencido, el momento de ese tránsito habrá llegado.

Hay personas que se preguntan si es correcto someter a los animales a eutanasia con objeto de evitarles sufrimientos. Hay también quienes creen que eso es jugar a ser Dios, al impedir que la naturaleza siga su curso, mientras que otros consideran, convencidos, que es inhumano permitir que los *hijos* sufran por una enfermedad incurable. En el estado de alma no se aprecian elementos que permitan establecer juicios de valor a este respecto. La conciencia y el corazón son los que han de llevar a tomar la decisión que cada cual crea más oportuna. Es importante recordar que el alma busca siempre la difusión de amor, la compasión y la ternura, por lo que, en tanto que esta búsqueda es el elemento de motivación esencial, las acciones que se planteen son compatibles con el deseo de la propia alma.

Kris, no debes centrarte en pensar en la muerte de tu ser querido, sino en su vida. Haz todos los días que Buddy sienta lo mucho que significa para ti y evoca al menos un recuerdo común a ambos mientras lo abrazas y lo acaricias. Él necesita percibir tu alegría por haber compartido vuestras vidas, no tu dolor y tu tristeza por su enfermedad y su marcha. Si vas a estar con él en el momento en el que muera, hazle saber que hallarás alegría cada día en los muchos recuerdos que guardas de todo lo que te ha dado y te ha enseñado. Haz que sepa que lo echarás de menos, pero también que cuentas con que utilice sus dotes de sabueso para rastrear tu presencia y tu energía y para seguir volviendo a ti; créeme, no dudes que así lo hará. Él necesita tomar conciencia de que es mucho más poderoso como energía pura que como forma física.

No obstante, por el momento, deja que continúe desplegando esas sencillas actividades que hacen que perciba la importancia de su presencia en vuestro hogar y fomenta las situaciones en las que puedas recompensarle y demostrarle abiertamente cariño. Cada noche túmbate en el suelo junto a él, abrázalo e intenta entrar en un estado de meditación. Al respirar, podrás visualizar la forma en la que tu aliento se funde con el suyo. Recuerda que uno de los orígenes etimológicos de la palabra «animal» podría asimilarse a la frase «aquel cuya vida procede del aire». Al conectar con tu yo superior, imagina que este establece contacto con el de Buddy. La razón por la que en ocasiones es difícil conectar con la energía de tu perro o tu gato permaneciendo en el estado terrenal normal es que ellos en realidad vibran a un nivel de frecuencia más alto, por lo que es preciso elevar la propia frecuencia vibratoria con objeto de sintonizarlas ambas y de establecer la oportuna comunicación. Escuchar tambores chamánicos de fondo puede ayudar a conseguir esa elevación; si se han realizado trabajos chamánicos en el pasado, el sonido de estos tambores contribuirá a volver a reactivar las vías de comunicación.

Recordar la esencia del yo chamánico ayuda a conseguir aquello que se desea y a reforzar los vínculos, tanto en esta vida como, en el plano trascendente, más allá de ella.

Las dudas sobre lo que les sucede a nuestros compañeros animales cuando cruzan la línea de la vida se plantean con frecuencia y, en este sentido, deseo expresar mi gratitud a todos los que han formulado preguntas a tal respecto. Expondré aquí algunas de las que considero útiles para dar respuesta a las incertidumbres que parecen presentarse con más asiduidad. *Danielle Lewis*, enfermera de Cincinatti, Ohio, propone la siguiente interrogante:

> *Los humanos establecemos unos vínculos ciertamente increíbles con nuestras mascotas y las echamos de menos y las recordamos cuando mueren. ¿Es posible conectar con ellas en el cielo? ¿Tienen ángeles que les ayudan en el tránsito a la otra vida?*

La misma energía del alma que habita en los humanos está presente también en todas las criaturas del planeta. En consecuencia, todos los animales son guiados, protegidos y asistidos por los mismos ángeles que ayudan a los humanos, y esos ángeles están presentes en el momento de su tránsito.

Lo que es importante saber en este contexto es que, una vez que la energía se ha creado y ha asumido la forma de ser físico en la Tierra, ya se trate de energía animal o de energía humana, queda registrada en la memoria del yo superior. Esta energía diferenciada es preservada esencialmente durante todo el tiempo que permanece en el yo superior. Es, pues, posible volver a tomar contacto con ella y experimentarla de nuevo, cuando se recupera el estado de alma, o incluso en cualquier momento, si se la invoca por uno u otro motivo.

Por lo que respecta a la reencarnación de los animales de compañía, *Alejandra Kate*, médium empática y autora de libros para niños, de Crestline, California, pregunta:

> *¿Pueden encarnarse de nuevo nuestros animales volviendo a nuestras vidas? Por ejemplo, ¿podría mi caballo en otra vida anterior reencarnarse en un papagayo en esta? ¿O los animales se encarnan siempre en la misma especie? ¿Un gato siempre se reencarna en otro gato y lo mismo para las demás especies?*

Las almas, querida Alex, se encarnan en todas las formas de vida y materia: animales, plantas, minerales, elementos químicos y, por supuesto, seres humanos. No es posible saber qué forma de vida puede elegir un alma de una encarnación a otra. Aunque se prefiera una forma en particular y se pueda elegir la vuelta a la vida en esa forma durante múltiples reencarnaciones, no es posible afirmar con certeza que eso vaya a suceder de modo continuado.

Se tiende a viajar en grupos de almas, siendo así que los niveles de afecto energético suelen aumentar entre las almas que conforman un mismo grupo, por lo que a veces es factible encontrar un animal que suscite un sentimiento de afecto similar al que en otro momento se sintió por otro. Puede pensarse que se trata de la misma alma y, de hecho, en ocasiones es así. Es probable incluso que se encuentre energía del alma propia en un animal con el que se ha guardado algún tipo de asociación a lo largo de la vida. Es esta una experiencia muy interesante, que tiene lugar más a menudo de lo que podría pensarse.

Es frecuente que haya personas que se hayan sentido alteradas por las circunstancias generadas por almas que se encarnan en animales. *Indya Roberts*, madre de dos gatos y que trabaja como voluntaria en un centro de animales abandonados en Estrasburgo, Francia, formula algunas preguntas relacionadas con algo sobre lo cual muchos de los que aman a los animales piensan a diario:

> *¿Por qué tantos millones de animales tienen que sufrir viviendo en condiciones tan horrendas? ¿Terminará esto alguna vez? ¿Podemos hacer algo al respecto entre tanto?*
>
> *Hay algunas cuestiones que me preocupan y una de ellas es el modo en el que se puede enseñar a ofrecer un amor incondicional, y me pregunto si el saber angélico de Margaret puede ayudarnos a comprender qué es lo que está realmente sucediendo y de qué manera podemos cambiar las cosas a mejor, de modo que actuemos juntos en paz y amor, y proporcionemos a nuestro reino animal la felicidad y la vida libre de crueldad que merece.*
>
> *Todos los amantes de los animales esperamos anhelantes el día en el que los humanos y los animales podamos vivir juntos y en armonía, los unos al lado de los otros.*

Vivir en armonía es el objetivo de todas las almas del planeta. Sin embargo, lo que impide que los humanos lo hagan es la ilusión de separación que ellos mismos han creado a partir de su propia forma humana. Cada uno de ellos se ve diferente de los restantes humanos y contempla su singularidad, no como aquello que le otorga el poder individual y le concede los dones que él proporciona al mundo, sino más bien como algo que hace a los otros distintos e indignos de confianza. Y es precisamente este planteamiento el que hace que los humanos se sientan privados de poder en vez de dotados de él.

Es esta percepción de falta de poder lo que hace que los seres humanos busquen otros seres sobre los que ejercer poder o dominio. Buscan algo que puedan considerar como claramente inferior a ellos Algunos contemplan a esos seres «inferiores» como formas de vida más vulnerables y tienden en consecuencia a ser protectores y a desear cuidar de ellos. Otros los ven como seres que pueden ser manipulados y ultrajados. Las personas que piensan en los animales de este modo no sienten esa pulsión, esa forma de actuar, solo ante los animales. Su sensación de impotencia se hace patente también en su relación con los seres humanos, por lo que tienden a ser controladores, cuando no agresivos, en muchas facetas de su vida. Pero lo más fácil es mostrar crueldad cuando el objeto de esa violencia no puede contraatacar o ni siquiera quejarse. De hecho, muchos animales, en especial los perros, continúan profesando amor hacia quien ellos consideran su amo, aunque los agreda y los maltrate.

Los animales tienen una capacidad de perdón muy superior a la de los humanos, puesto que su nivel de vibración en lo que respecta a los sentimientos de amor, compasión y comprensión es mucho más elevado. Esta forma de amor se cumple incluso en el área de las pruebas de investigación con animales. La vida humana se considera más importante que la animal, por lo que los animales se utilizan con profusión para probar medicamentos y todo tipo de productos. Si quienes realizan este tipo de pruebas pudieran apenas intuir que su propia alma podría tal vez estar en la criatura a la que someten a esos experimentos, el deseo de llevarlos a cabo tal vez fuera muy diferente.

Resulta alentador el hecho que de los humanos evolucionen cada vez de modo más evidente hacia la concienciación colectiva de que todas las formas de vida son sagradas.

Hace algunos años no existían activistas que lucharan en favor de los derechos de los animales. Igualmente, tampoco había ningún colectivo que se preocupara por el hecho de que una empresa pudiera realizar vertidos de petróleo o de residuos que destruyeran un ecosistema. Cualquiera que hiciera público su deseo de comunicarse con las almas de los animales podía ser calificado de demente, mientras que ahora quienes se manifiestan seguidores de tales tendencias conforman un movimiento en rápida y creciente expansión, constituido por personas que abogan por vivir una experiencia *espiritual* personal *a ojos de todos*. Así pues, tened esperanza, mis apreciados seres queridos.

Si os contáis entre quienes manifiestan amor para las demás criaturas de este mundo, rezad para que las legiones de ángeles las protejan a ellas y a vuestro delicado ecosistema. Si, por el contrario, formáis parte del grupo que no alcanza a ver lo sagrados que son todos los seres vivos, sabed que os amamos y que ese amor se extiende de vosotros a todas las formas animales que ahora sois o que en algún momento podáis llegar a ser.

Quisiera cerrar este capítulo con una fascinante pregunta remitida por *Niki Zamora*, investigadora forense de San Diego, California, que aborda la cuestión de qué energía animal puede aportarnos enseñanzas a nivel del alma. Niki formula su pregunta en los siguientes términos:

> *Se dice que cuando nuestros amigos (o aquello a los que hemos amado) mueren pueden convertirse en nuestros guías espirituales y ayudarnos desde el más allá. Desearía saber qué sucede con nuestras mascotas, nuestros compañeros animales a los que realmente hemos querido mucho y con los que hemos establecido vínculos muy sólidos. ¿También ellos pueden ofrecernos orientación espiritual y ayudarnos desde el otro lado?*

Las mascotas son almas con las que has vivido, teniéndolas al lado de tu yo superior, por lo que están decididamente junto a ti y pueden ayudarte cuando recuperan su propio estado de yo superior. La energía que poseían cuando eran tus compañeros animales permanece en ellas y es muy probable, Niki, que en ocasiones intuyas o percibas esa energía como una vibración diferenciada (cada encarnación física vuelve a su estado de alma con sus propias señas de identidad energética, a las que se designa como «ADN espiritual»). Por lo tanto, puedes pedir que el hecho de sentir esa vibración diferenciada o esa expresión de su alma interceda, sirviéndote de ayuda.

No obstante, desearía ir un paso más allá en el planteamiento de esta respuesta, con objeto de ampliar el conocimiento de la manera en la que energía puede proporcionar amparo desde el nivel del alma. Es probable,

Niki, que hayas oído hablar del concepto de animal de poder o animal totémico. Se trata de un guía espiritual que asume forma animal y que presta ayuda en diferentes etapas de la vida cuando se precisa alguna característica que forme parte del poder esencial de ese animal. En ocasiones esporádicas, un alma encuentra una de sus encarnaciones más poderosas, no humana sino animal, y opta por comunicarse desde esa forma reteniendo todo el conocimiento que ha acumulado en sus encarnaciones anteriores. En tal caso, el alma toma la decisión de expandir el universo, pero no continuando con sucesivas encarnaciones, sino optando por prestar apoyo a otras almas ya encarnadas, mediante el ofrecimiento de su sabiduría y su poder acumulados a lo largo de su concatenación de encarnaciones, que serán de este modo compartidos por sus *estudiantes* mortales.

En este ámbito, cuando los chamanes entran en contacto con el mundo espiritual, encuentran a estos animales, que se ofrecen como guías desde la posición de ventaja que les supone hallarse en su más poderosa encarnación. El animal de poder que proporciona asistencia es con frecuencia el que puede dotar de la fuerza requerida para cumplir la tarea que se está intentando llevar a buen puerto. Por ejemplo, cuando Gerry efectúa un trabajo de recuperación del alma siempre encuentra un tigre de nombre Metume que le ayuda en su labor. Se sabe que la energía del tigre (de tipo medicinal) procura a los humanos valor, concentración y capacidad para localizar e interpretar visiones. El tigre mantiene una posición de predominio sobre estas tres áreas. También se relaciona con nociones tales como la protección más encarnizada y el juego con los cachorros. Durante los viajes de recuperación del alma, Metume actúa como guía por cualquier terreno, carece de todo temor y se concentra en la recuperación de las piezas de alma perdidas, comunicándose telepáticamente con un amor desmedido. Ha estado junto a Gerry en cientos y cientos de estos viajes y, en su condición de poderoso guía de almas, pone siempre sus asombrosos recursos a disposición de Gerry y de otros sanadores espirituales.

Otras energías animales se ofrecen a los humanos de manera continua en todo momento. Basta con ser conscientes de ellas cuando se manifiestan. Si notáis que una mariposa revolotea a vuestro alrededor, es probable que esté intentando compartir alguna energía que hayáis estado deseando. Cuando un gato callejero aparece en la puerta de vuestra casa o cuando en ella se detecta súbitamente la presencia de arañas o de abejas, puede tratarse de un hecho casual o de algo que resulte en realidad una molestia, aunque también cabe la posibilidad de que estos animales estén enviándoos alguna forma de energía que hayáis requerido.

Llegado a un determinado punto en la redacción de este libro, Gerry notó que había algo que parecía distraerle continuamente, lo que le causaba un profundo sentimiento de frustración. Estaba sentado frente al ordenador, pensando e intentando buscarle una explicación a esa desazón, cuando una pequeña araña de descolgó con su hilo desde el techo y quedo oscilando a medio metro de su cabeza. Gerry permanecía ajeno al hilo invisible que se cernía sobre él, cuando la araña siguió tejiendo y descendiendo hacia donde él se encontraba. Su reacción inmediata fue intentar sacudírsela, pero de repente sintió que tal vez esa araña fuera la manifestación de una energía que acudía en su ayuda y, como consecuencia de ello, tuvo lugar una experiencia ciertamente interesante.

Cuando Gerry movió su mano hacia un lado, pudo *ver* que, de alguna manera, la araña había producido un finísimo hilo que se había fijado a su mano izquierda. Al desplazar la mano, la araña se movía también al mismo tiempo. La araña comenzó a avanzar con lentitud por el hilo hacia la palma de su mano, deteniéndose a unos 30 centímetros de ella. Súbitamente, Gerry notó en la superficie de la palma una intensa sensación de calor y comprendió que la araña había acudido para auxiliarle de algún modo. El calor continuó emanando durante unos 3 minutos y, a continuación, la araña avanzó hacia su mano tocándola y permaneciendo en contacto con ella durante apenas un momento. Después retrocedió y comenzó a producir nuevos hilos, que le permitieron alejarse y ascender de nuevo, para acabar desapareciendo tras una viga del techo. Cuando la luz del sol entró a través de la ventana, Gerry pudo ver por primera vez con claridad el entramado de hilos que la araña había tejido.

Después de esta experiencia consultó su libro de cartas de la medicina chamánica, con el fin de hallar información sobre el poder y la acción curativa de la araña. Según la leyenda, la araña tejió la telaraña que dio a los humanos la primera imagen del alfabeto, ya que las letras formaban parte de los ángulos de su red. Las arañas siempre han ayudado a los humanos, tejiendo sus historias y expandiendo su capacidad para acceder al mundo de los sueños, al mundo del espíritu, y para que este se manifieste a su vez en el mundo físico.

Tras este singular episodio, Gerry comenzó a enfocar de nuevo el libro con claridad. Pudo reorganizar mis narraciones y mis comentarios y se lanzó a una febril tarea de redacción y edición de los mismos. La araña había ejercido su poder medicinal y, como comprobaréis, vuestros animales de poder pueden hacer lo mismo por vosotros si estáis abiertos a que sus mensajeros os brinden ayuda siempre que la necesitéis.

Los animales son vuestros amigos del alma, encarnados y en espíritu. Demostradles siempre amor y cariño y preservadlos a ellos y a su entorno. Ellos hacen lo mismo por vosotros.

CAPÍTULO
9

MUERTE, AGONÍA, VIDA DESPUÉS DE LA MUERTE, REENCARNACIÓN Y KARMA

> *«En definitiva, el yo superior retiene la esencia de las emociones… Sus acciones no son promovidas por las emociones, sino más bien aconsejadas por ellas».*

Espero que, llegados a este punto, hayamos conseguido determinar con claridad meridiana que sois mucho más de lo que nunca hubierais imaginado. Sois un alma eterna que sitúa vuestra energía en otras formas de vida, con el fin de expandir vuestra propia energía y la energía del universo. Vuestro yo superior existe siempre y está constantemente presente, a lo largo de todas vuestras encarnaciones y durante todo el tiempo. En el presente capítulo quisiera ser capaz de dar respuesta a algunas de las preguntas más específicas que se plantean con frecuencia sobre qué es lo que sucede cuando se abandona el ser físico, la llamada «forma física». Me complace comenzar con las fascinantes preguntas formuladas por el reconocido maestro de meditación **davidji**, autor de *Secret of Meditation,* publicado en español con el título y subtítulo siguientes: *Los secretos de la meditación, una guía para la paz interior y la transformación* personal, y de *Destressifying (Desestresándose).* Las interrogantes se plantean en estos términos:

> *¿Son capaces aquellos que nos han dejado para unirse al reino del espíritu de sentir al observarnos emociones tales como enfado, disgusto, tristeza o alegría? ¿O bien están tan fusionados con el divino flujo del universo que trascienden el ámbito de las emociones y solo nos contemplan desde una perspectiva de aceptación y amor incondicionales?*

Cuando alguien se halla en su naturaleza de alma más pura, la naturaleza que conforma el verdadero yo eterno, y aporta la energía necesaria para las sucesivas reencarnaciones, se constituye, desde todo punto de vista, en un ser de aceptación y amor incondicionales. Sin embargo, las emociones que se sienten como humano se incorporan a cada ser y, como tales, se transportan más allá de la muerte física, pudiendo ser procesadas por el yo superior y ser conocidas y compartidas por las almas colectivas de todo aquello que existe. La información es transmitida al yo superior de modo continuado y durante todo el tiempo, siendo con posterioridad compartida por las almas colectivas. No obstante, cuando la energía del alma de una encarnación se integra en el propio yo superior, el conjunto de las emociones y de la energía conceptual de las propias experiencias queda retenido y es procesado y fusionado con el yo superior. De este modo, el intelecto puede captar mejor la emoción y la emoción puede, a su vez, comprender mejor al intelecto. En cualquier caso, todo ello es abordado y tratado desde una perspectiva de aceptación incondicional y recreado como conocimiento del amor y como energía expansiva.

En definitiva, el yo superior conserva la esencia de las emociones, aunque podría decirse que desde una óptica de *visión de conjunto.* Sus acciones no son promovidas por las emociones, sino más bien aconsejadas por ellas. Quienes se reincorporan al reino espiritual comprenden las emociones que han experimentado como humanos, si bien en su estado presente no sienten más emociones que el amor y la aceptación plena.

Muchos humanos que han perdido a seres queridos padecen una cierta percepción de *tarea inacabada*, al pensar que, por no haber atendido lo suficiente a un allegado en sus últimos días de vida, o por otros motivos, la persona fallecida aún puede manifestar sentimientos de enojo, reproche, sufrimiento o cualquier otro tipo de emoción negativa hacia ellos. Sin embargo, cuando un alma traspasa la frontera de la vida terrena, atraviesa un túnel dentro del cual es atraída hacia *la luz*. Este túnel es en verdad un vórtice energético que captura la vibración de la energía emocional, la memoria y cualquier tipo de afectación que haya podido repercutir en el ADN espiritual del alma individual. Entre tanto la energía del alma se limpia a medida que se dirige hacia la reconexión con el yo superior.

Como es lógico, hay mucha gente que no cree en las palabras reproducidas en este libro como medio de obtener paz. Son igualmente muchos quienes no tienen certeza de la existencia de una vida después de la vida. En ocasiones las creencias conscientes están cargadas de dudas, en la medida en que las convicciones inconscientes más profundas —lo que correspondería al conocimiento basado en el alma— no concuerdan con algunos de los términos o nociones generalmente reconocidos en lo que respecta a la muerte. Por ejemplo, si la conexión del alma con el yo superior es potente, pero la persona que la experimenta mantiene criterios de pensamiento fundamentalmente lógicos le será difícil creer en una vida después de la vida, porque siente que hay una *vida de siempre*. En la misma tónica, es posible que resulte difícil aceptar ideas asociadas a términos tales como «descanso eterno» o «concesión de gracia al alma», en tanto que intuitivamente se sabe que ninguna de ellas se ajusta adecuadamente a la propia forma de pensar.

Así pues, para personas que tengan una mentalidad algo más lógica, hay técnicas más *terrenales* que ayudan a encauzar la energía no resuelta que sienten en lo que respecta a sus seres queridos, tanto vivos como muertos. Una de estas técnicas es enseñada por la médium *Karen Noé*, autora de *Your Life After Their Death (Tu vida después de su muerte)*, obra en la que se imparten instrucciones para redactar cartas a los seres queridos, ya sea en su vida terrena o en espíritu. Básicamente, sus indicaciones para escribir este tipo de cartas se centran en intentar ver con los ojos de la otra persona, en lo que respecta a las razones por las que alguien hizo o dejó de hacer determinadas cosas. La vidente distingue en este contexto diversos tipos de cartas, entre ellas las destinadas a pedir perdón a alguien al que de alguna manera se ha lastimado, aquellas en las que se perdona a alguien que nos ha hecho daño las que sirven para hacer saber a otras personas que se les profesa amor o que se está orgulloso de ellas o, en última instancia, las cartas dirigidas a uno mismo. Karen propone la siguiente pregunta:

> *Durante años, y siguiendo instrucciones angélicas, he utilizado la escritura de cartas para ayudar a la gente a establecer puentes con los seres queridos que han retornado a su estado de espíritu. Asimismo, he ampliado el ámbito de cobertura de este procedimiento para poder aplicarlo a las personas vivas, de modo que sean capaces de salvar las barreras que se establecen entre ellas y que, de este modo, accedan a una vida más feliz. He comprobado que un recurso tan sencillo como ese sirve para cambiar la vida, tanto en un caso como en otro. Me pregunto qué es lo que sucede desde el punto de vista energético con estas cartas para que su efecto sanador llegue a ser en ocasiones tan intenso.*

Por múltiples razones, la escritura de cartas siempre ha sido una magnífica forma de comunicación entre los seres humanos. La palabra escrita se ha empleado para consignar momentos importantes en la historia o la cultura de un pueblo, para conservar registros de información o, sencillamente, para compartir historias. Si nos remontamos a los orígenes del proceso, el hecho de plasmar los propios pensamientos y sentimientos por escrito en un papel fue desde un primer momento un modo de darles entidad física, en la medida en que la palabra hablada no se consideraba un patrón de referencia tan fiable, ya que podía olvidarse o rememorarse de manera equívoca. Esa constatación de la forma física del mensaje se producía también al establecer acuerdos entre dos personas; cuando algo no podía ser puesto por escrito por cualquier motivo, ese acuerdo se sellaba con un apretón de manos, gesto que significaba, y aún hoy continúa significando, que la palabra dada adquiría a partir de ese momento una dimensión física.

En épocas anteriores a la creación de las actuales formas de comunicación, la escritura de cartas era un recurso que las personas utilizaban para mantenerse en contacto con los demás a grandes distancias. Asimismo, podía ser un soporte seguro para comunicar cosas profundamente personales que no se sentían capaces de decir de viva voz. Incluso las modernas tecnologías de comunicación, con medios como el correo electrónico o las aplicaciones de mensajería instantánea para móviles, se basan en esta tradición. Cuando un pensamiento se pone por escrito, sucede algo muy importante. Se trata del hecho de que ese pensamiento se convierte en palabras y las palabras, a su vez, se transforman en el registro de la manifestación física del pensamiento. Se produce, pues, una transición en la cual ese pensamiento pasa del ámbito de la idea a manifestarse en el reino de lo físico.

En el trabajo que estás haciendo, querida Karen, estás invitando a los demás a participar en un proceso en el que las distancias se salvan, se deja que se expresen las emociones reales y que los pensamientos se manifiesten. Y el proceso resulta tan poderoso porque las cartas no son más que monólogos que te permiten ver el mundo a través de lo que tú percibes como los ojos de otra persona.

La belleza del monólogo radica en que te da la oportunidad de decir todo aquello que quieres decir sin miedo a ser interrumpida por otra persona. Dado que escribes ese mensaje en forma de carta, al hacerlo no solo estás dando cauce y salida a ese mensaje, sino que también estás pensando en las palabras que debes utilizar para hacerlo. Al intentar escribir desde el punto de vista de otra persona, asumes de manera implícita el hecho de que puede haber otro punto de vista diferente del tuyo. Ese hecho en sí mismo te hace contemplar la situación desde la perspectiva de tu yo superior, lo que, en un segundo término, te permite enfocar la plasmación de pensamientos a partir del yo superior de la otra persona. El resultado de todo ello es una experiencia plena conocida como «visión interna» o, en términos más generales, «entendimiento» o percepción. La visión interna, amados seres queridos, es lo que siempre se está intentando alcanzar como alma. Así pues, aprovechad las oportunidades que se os presenten de participar en este ejercicio; comprobaréis el poder que atesora.

Las nociones de «muerte», «yo superior» y «reencarnación» en ocasiones resultan difíciles de interpretar en lo que respecta a su interrelación, y la complejidad aumenta cuando se comienza a hablar de la comunicación con aquellos que han abandonado la vida terrena.

Leonarda Scandurra, funcionaria administrativa de Sydney, Australia, plantea en términos ciertamente sugerentes su interrogante:

> *Hay una acuciante pregunta que siempre me he formulado y para la que no he podido hallar respuesta. Creo que nuestras almas se reencarnan en otras formas de vida cuando están preparadas para hacerlo. Si ese es el caso, ¿cómo consiguen los médiums conectar con nuestros seres queridos desde el mundo espiritual. Por ejemplo, mi padre murió hace 2 años; si se hubiera reencarnado en otra forma de vida o de energía, ¿de qué modo podría un médium conectar con su espíritu? ¿Es tal vez posible que no se pueda entrar en contacto con él por el hecho de que esté viviendo otra vida en la Tierra o en otro planeta o esfera?*

Cuando un médium accede a un alma que ha recuperado su esencia, siente y sintoniza en una vibración que intenta localizar a la persona que ha traspasado el límite de la vida terrena. Esa vibración recibe a veces como estímulo un recurso, por ejemplo, un nombre o una fecha de nacimiento, que hacen que el médium conecte más estrechamente con la energía que busca. El proceso podría asimilarse a la sintonización de una cadena con el dial sintonizador de una radio. De esta manera se consigue alcanzar la frecuencia de vibración del alma con la que se quiere establecer contacto, inherente a su yo superior, a su condición de alma completa. El yo superior reconoce la parte del ser con la que se desea comunicar y se retrotrae a la frecuencia de vibración de esa persona.

Así pues, lo que se busca es acceder al yo superior del ser querido, que puede hablarnos a partir de su propia vibración. Esa parte del yo superior es precisamente aquella que se busca y con la que se quiere comunicar, y guarda íntegra la memoria de su pasado físico, al tiempo que continúa sintiendo amor y afecto profundos por aquellos a los que ha dejado atrás. Sin embargo, ahora cuenta también con el conocimiento combinado del yo superior y de las otras almas. Esa es la razón por la que parece mantener la esencia de lo que fue, aunque desde una perspectiva más amplia y profunda, conservando todas las percepciones asociadas a la alegría, como, por ejemplo, su sentido del humor.

En el caso de la conexión con almas en un entorno de grupo, practicada entre otros por médiums como John Holland, en realidad, se produce el proceso inverso. El alma que ha abandonado la vida terrena, sabiendo que las personas que deja atrás sufren dolor, ayuda a guiar a sus seres queridos hacia alguien que disponga de los medios idóneos para reconfortarles y asegurarles que está bien. En este contexto se crea una energía que podría asimilarse a un holograma y que envuelve a la persona a la que el alma desea dirigirse, y es el médium el que se encarga a través de ella de acceder a su forma de energía.

Aun en el caso de que el yo superior aporte parte de su energía a otra forma de vida, siempre se podrá entrar en contacto con cualquier forma vital que haya dejado su vida terrena. Por consiguiente, la reencarnación no plantea problema alguno. El yo superior controla miles de encarnaciones al mismo tiempo, a pesar de lo cual puede acceder con facilidad a la vibración de la energía y a las experiencias singulares de cualquier componente que se haya integrado el él.

Leonarda, la encarnación de tu padre formaba parte del trabajo de su yo superior y es él el que guarda su memoria de la vida pasada. En consecuencia, es capaz de invertir esa energía en una nueva experiencia del alma, pudiendo también acceder a cualquier experiencia concreta en cualquier momento. Esa es la causa de que a menudo yo afirme que la mayoría de las personas no son conscientes de lo grande y lo sorprendente que puede llegar a ser el yo superior de cada una de ellas, y tal es precisamente la razón por la que nosotros, como ángeles, amamos y admiramos tanto a esas personas.

Sé que, con independencia de la mayor o menor medida en la que comprendan un determinado concepto desde un punto de vista espiritual e intelectual, todas las personas son seres humanos de carne y hueso y que experimentan emociones intensamente reales. Y una de esas emociones es lo que inspira la pregunta formulada por *Stephanie Tran*, de Guelph, Ontario, Canadá, que gusta de definirse a sí misma como «madre a tiempo completo de una adorable hija». Esta es su pregunta:

> *¿Qué puedo hacer, o cómo debo actuar en mi vida, después de que un ser querido haya muerto de manera repentina, dejando mi corazón devastado por el dolor?*

Puedo percibir el dolor en tus palabras, querida Stephanie; se trata sin duda de un dolor que les será familiar a muchas de las personas que lean estas páginas. La muerte es muy dura de afrontar, puesto que todos vosotros os habituáis a la presencia de los seres a los que amáis y que, a su vez, inundan vuestras vidas de amor. Otras veces se trata de la pérdida de alguien con quien tal vez no se ha llegado a mantener una relación estrecha, pero que, al morir, suscita la intuición de que se ha perdido la oportunidad de establecer esa relación. En cualquier caso, la naturaleza repentina de la muerte provoca con gran frecuencia una pérdida de alma, una profunda pérdida de poder y de energía personal. Existen algunos recursos que es posible aplicarse a la hora de superar el sentimiento de duelo y de intentar salir adelante, progresando hacia la alegría que produce la constatación de que el ser amado tiene ahora una capacidad para envolverte y estar presente en ti mucho mayor que la que tenía antes.

A continuación se exponen algunas sugerencias a este respecto:

Rememorar y celebrar su vida en vez de centrarse en la muerte del ser querido. Cada alma entra en una encarnación física deseando que, cuando lo abandone, el mundo sea un lugar mejor. Siempre se puede tomar alguna iniciativa que lo conmemore y lo recuerde por algo que le gustaba. Si, por ejemplo, la persona fallecida era aficionada a jugar a los bolos, es posible llevar a un grupo de niños discapacitados a una bolera para que jueguen una partida de bolos en su honor o dar su nombre a un equipo de bolos, de modo que sea recordado de esa manera.

Compartir historias divertidas. Quienes abandonan la vida terrena desean en su estado de alma volver a experimentar alegría y para ello nada mejor que ser vosotros quienes se la proporcionéis. Se puede acudir a ver una obra de teatro o una película divertida, acompañado por un amigo o una persona por la que se sienta cariño, afirmando expresamente que es algo que se hace en honor de la persona fallecida. Asimismo, cabe la posibilidad de compartir historias graciosas que la recuerden. Una opción es anotar recuerdos divertidos en un cuaderno, guardar las hojas separadas en una caja e ir eligiendo una hoja cada día para leerla y recordar un episodio o una anécdota que evoque su memoria.

Crear una fundación o recaudar fondos para obras benéficas. Si el ser querido tenía alguna causa u obra de beneficencia por la que mostrara especial predilección, se puede recaudar dinero para ella en su nombre. También es posible organizar actos, fiestas o reuniones familiares en las que cada asistente acuda con un vídeo que de algún modo evoque la memoria de la persona fallecida y haga una donación en su nombre para la obra benéfica en cuestión. Otra manera de recordarla es plantar un árbol en su honor, acudiendo periódicamente a visitarlo para honrar su memoria.

Cuantas más sean las iniciativas que se tomen para mantener vivo el recuerdo de ese ser querido, mayor será la probabilidad de notar que está aún presente, aunque sea bajo otra forma. Y si es capaz de contribuir a difundir alegría y gozo en el planeta incluso después de su marcha, crecerán las energías del alma, tanto de él como de vosotros.

Hay determinados tipos de muerte que afectan más en profundidad al corazón y a la mente de los seres humanos, por resultar extraordinariamente difíciles de comprender y de asimilar desde una perspectiva lógica. *Audrey McNaughton*, recepcionista jubilada de St. Catharines, Ontario, Canadá, formula una pregunta ciertamente importante relativa a uno de esos tipos de muerte:

¿Puede formar parte el suicidio de un plan de vida en lo que respecta a las lecciones del alma?

En términos generales, el suicidio suele producirse cuando una persona ha alcanzado ya la edad adulta, aunque también se dan algunos casos aislados en niños que han sido víctimas de traumas graves; de cualquier modo, este tipo de muerte nunca forma parte del plan del alma en una concatenación de encarnaciones sucesivas. El suicidio se produce cuando el ser humano es víctima de un dolor emocional muy intenso y cuando ha perdido tal cantidad de energía del alma que no encuentra la manera de poder seguir afrontando la vida que tiene por adelante. Hay ocasiones, asimismo, en las que sobreviene en personas que sienten que van a morir de todos modos y que se dan muerte por propia mano.

Entiendo que muchos perciban el suicidio como una decisión, en cualquier caso drástica, muy individual y muy egoísta; sin embargo, en realidad no lo es.

La persona que contempla la idea de suicidarse presenta una serie de características relevantes que subyacen en el trasfondo de su personalidad. Conviene recordar que el cerebro tiene como misión fundamental, por encima de todas las cosas, mantener el cuerpo con vida. Ello implica que, cuando toma la determinación de que es mejor para el cuerpo poner fin a su vida, el cerebro ha decidido que no tiene capacidad para detener la pérdida de alma, por lo que tanto el cuerpo como la mente continuarán experimentando un sostenido deterioro. En este contexto la consciencia del alma debe decidir si desea proseguir en ese cauce de progresiva degradación y desplazamiento de la energía del alma, o bien opta por avalar la decisión del cerebro. A menudo, el alma que da poder al cuerpo quiere continuar, con la esperanza de que de un modo u otro las circunstancias cambien, y es entonces cuando el yo superior entra en escena.

Gerry y yo hablamos hace poco con una mujer que estaba intentando asimilar el hecho del suicidio de un familiar suyo. En tan trágica coyuntura, me vino a la mente una analogía y se la planteé. No se debe pensar de ningún modo que a través de dicha analogía pretendo trivializar algo tan dramático como es un suicidio. Simplemente la expongo en estas páginas, porque considero que le hizo mucho bien a la mujer en cuestión y porque creo que también podría ser de utilidad para otras personas en circunstancias semejantes.

Si la situación de la vida pudiera asimilarse a un partido de béisbol, imaginemos que la persona que contempla la posibilidad de suicidarse fuera el *pitcher*, el lanzador de la bola. Ha estado jugando bien durante toda la temporada pero, a partir de un determinado momento, empieza a tener problemas. Haga lo que haga, intente lo que intente, todas las bolas que lanza son golpeadas por el bateador contrario y la situación es cada vez peor. El alma del *pitcher* desea ganar, quiere ayudar a su equipo aportando lo mejor de sí mismo y darle una alegría al público con la victoria. Sin embargo, la multitud ruge abucheándolo y para él el panorama es cada vez más sombrío.

El entrenador, cuya figura podría asimilarse en este caso a la del yo superior, se acerca al montículo de lanzamiento y se dirige al lanzador.

«¿Crees en realidad que podrás salir de esta? Tienes una oportunidad. Puedes abandonar el partido ahora y tal vez el equipo pueda recuperarse aún y ganar. No me estoy quejando de tu disposición. Sé que intentas hacerlo lo mejor que puedes, pero ya has hecho varios lanzamientos malos, y algunos de esos errores te han afectado profundamente, incluso desde el punto de vista físico. Intentas recuperarte, aun sufriendo dolor, pero lo único que consigues es sentirte cada vez más y más afectado. Y ahora tu cuerpo te dice que debes retirarte. Si deseas hacerlo, ello no supone deshonra alguna. Haremos que te recuperes y volverás a comenzar de nuevo. Tal vez con otro equipo; tal vez en uno en el que tengas mayores oportunidades de vencer. ¿Tú qué piensas al respecto?».

Con más frecuencia de la que podría parecer, son este tipo de conversaciones entre bastidores, establecidas entre el alma y la consciencia encarnada, las que llevan a la persona a optar por la decisión de *retirarse*. No se trata en absoluto de un problema de egoísmo o de cobardía. Incluso cuando el proceso obedece a una decisión tomada en un arrebato repentino —pongamos por caso, un delincuente acorralado por la policía—, se trata de la decisión en la que el alma opta por poner fin a esta encarnación del mismo modo que la inició: en virtud de su propio poder. Cabe puntualizar, no obstante, que no hay nada que quede más lejos de mi intención que idealizar o fomentar en modo alguno el suicidio. Es obvio que nadie recurre a tan fatal decisión si existe una opción o la más mínima esperanza ante un trance como ese.

En la actualidad se viven tiempos en los que muchas veces una decisión no se expresa abiertamente. Cuando una persona muere por una sobredosis de droga, no suele tratarse de una muerte deseada y, muchas veces, aquellos que intentan suicidarse sin conseguirlo, cambian radicalmente cuando reanudan su vida; de hecho, su yo superior puede interceder en los casos en los que hay un planteamiento manifiestamente equivocado. No obstante, cuando la intencionalidad es evidente y, por desgracia, el intento de suicidio acaba provocando la muerte, se plantea un cuadro de mayor dimensión que el alma y el yo superior aprecian, actuando en este caso con la mejor intención como miembros del *equipo* de esa persona. Incluso en los casos de suicidio, las almas intentan asegurarse de que la cantidad de pesar que generan no haga disminuir la alegría de otras almas encarnadas que se vean arrastradas por el proceso. El alma siempre está a la búsqueda del aumento de la expansión de su dicha, tanto como sea posible.

Es, pues, imprescindible compartir la compasión y el amor por aquellos que llegan al extremo de quitarse la vida. Son merecedores de toda esa compasión y todo ese amor, e incluso de toda nuestra gratitud.

Otra pregunta sobre la muerte *prematura* es formulada por *Aimee Lorincz*, madre de dos niñas, que vive en la localidad estadounidense de Tahoe, California. Amy plantea la siguiente pregunta:

> *¿Por qué deben morir las almas jóvenes? ¿Cuál es el motivo por el que algunas vidas nos son arrancadas casi antes de que hayan tenido la oportunidad de comenzar?*

Cuando se llega a la vida terrena, se eligen el momento, el lugar y la familia en la que se nace y, como ya he dicho anteriormente, a partir del nacimiento todo es pura improvisación. No obstante, se dan ciertas circunstancias en las que el yo superior, con todos sus antecedentes de fondo en lo que respecta a la creación del alma, deja abierta la posibilidad de que ciertas almas salgan de la vida de forma precoz.

Por ejemplo, una familia puede ser portadora de un gen recesivo que haga que un niño llegue a nacer, pero viva solo muy poco tiempo. De esa experiencia emanan oleadas energéticas de amor, compasión y comprensión que se dirigen tanto hacia los padres como hacia el niño. Aunque esa vida sea muy breve, la energía de amor y compasión que genera es inmensa. En la misma línea hay veces en las que un niño desarrolla una enfermedad siendo todavía muy pequeño o muere como consecuencia de haber vivido en un entorno familiar de maltrato. En tales casos, el yo superior, al contemplar los potenciales retos de una encarnación, asume los riesgos de la planificación, sin considerar la posibilidad de enfermedad o de maltrato. Después de todo son muchas las decisiones libres que pueden afectar a ambas circunstancias o a otras. Los resultados a nivel humano son descorazonadores y, por consiguiente, emocionalmente lesivos. Sin embargo, a nivel del alma, el flujo de amor, a veces generado a nivel planetario, aumenta la energía de la propia alma y transforma el sentimiento de frustración en una energía de impulso positivo. Conviene notar que la energía del alma nunca planifica con exactitud que ello suceda. Se trata de contingencias aleatorias propias de la condición del libre albedrío.

Las respuestas a preguntas como estas resultan muy duras, sobre todo por el hecho de que hacen referencia a niños, y resulta virtualmente imposible aceptar la idea de que los pequeños abandonan la vida para acceder a un estado mejor. La encarnación física es algo temporal. Aun a quienes aceptamos y comprendemos ese principio, la muerte de un niño nunca proporciona estímulo positivo alguno, y lo mismo les sucede a vuestras almas. Sin embargo, la condición natural del mundo se caracteriza por su polaridad, y el fallecimiento de un niño siempre aporta al mundo más energía positiva que negativa, a menudo simplemente por efecto de la propia emanación de amor que tiene lugar como consecuencia de la pérdida de la inocente criatura. No obstante, el dolor que esta deja es siempre intenso. En definitiva, mis amados seres queridos, si uno de estos casos se produce en vuestras vidas, evocad el alma del pequeño y contribuiréis a mantenerlo vivo en el recuerdo.

Hay una cuestión que en la actualidad se plantea de modo cada vez más habitual relativa al envejecimiento de los cuerpos y las almas en el planeta. *Karen Gaynor,* cuidadora de recién nacidos y bebés prematuros, pregunta lo siguiente:

Cuando alguien afectado por la enfermedad de Alzheimer en un grado tan avanzado entra en coma, ¿dónde se encuentra su espíritu? Alguien me dijo en cierta ocasión que uno de mis seres queridos, que se vio en tal situación, quedaba entre el cielo y la Tierra, no atrapado en un punto concreto, sino en una suerte de proceso de entrada y salida, de sucesión de saltos hacia delante y hacia atrás.

Cuando una persona entra en estado de coma, por padecer enfermedad de Alzheimer o por haber sido víctima de cualquier otra afección o traumatismo, el nivel de presencia del alma en el cuerpo oscila dentro de márgenes muy amplios. Si el cuerpo se mantiene vivo y respira sin soporte vital externo, ello constituye una clara indicación de que la energía de su alma está todavía en su cuerpo. No obstante, este puede perdurar con una cantidad de energía del alma muy escasa y, con frecuencia, la parte predominante de esa energía se reincorpora al yo superior. Así que, considerando esta variación, hay que decir que la imagen del alma *saltando hacia delante y hacia atrás* en personas que se encuentran en estado de coma se corresponde bastante bien con lo que en realidad sucede. Se trata de una situación equiparable a la que se da en el embarazo, en la que el alma tantea el terreno antes del alumbramiento con objeto de establecer cuánta energía ha de invertir. En el caso de la persona comatosa el alma evalúa si el cuerpo se ha recuperado en la medida suficiente como para soportar de nuevo la plena consciencia.

En ocasiones, una persona entra en coma como consecuencia de un traumatismo físico muy grave que le provoca también pérdida de alma. En otras palabras, se determina que es preferible prolongar un estado de inconsciencia en un cuerpo, con la finalidad de impedir que experimente un dolor extremo o que se sienta bloqueado o impotente. Aunque no son frecuentes, la gran mayoría de la gente ha oído hablar de algún caso de personas que se recuperan de un coma tras años de haber permanecido en ese estado. Estos inhabituales episodios se producen debido a que el cuerpo consigue recuperarse en la medida suficiente como para resistir el pleno restablecimiento de la consciencia. A veces esta clase de situaciones constituyen, por otra parte, una oportunidad apropiada para que tenga lugar el crecimiento del alma, tanto la de la persona que está en coma como las de todas aquellas que profesan amor hacia ella. Cuando está en coma, el cuerpo continúa actualizando y descargando información que accede al yo superior, en tanto en cuanto sigue respirando de forma natural, por lo que se debe asumir que la persona en estado de coma siempre es consciente, en mayor o menor medida, de lo que está sucediendo a su alrededor.

Al hablar de la muerte y de la agonía es inevitable traspasar el umbral que lleva a considerar la naturaleza del karma. Uno de los más interesantes enfoques de la cuestión llegó a nosotros remitido por *Kristine Thies*, de Long Grove, Illinois, que en la actualidad está centrada en la realización de un viaje de autodescubrimiento. La pregunta de Kristine es la siguiente:

> *Si no consigo resolver ciertas cuestiones aquí en la Tierra en esta vida, ¿tendré que volver en una nueva encarnación para continuar trabajando en ellas? Realmente no desearía tener que hacerlo. Resultaría muy doloroso. Por otro lado, yo no puedo controlar lo que otras personas piensen o sientan sobre mí. Creo que las personas han de respetarse unas a otras y aceptar las discrepancias mutuas, aunque siempre a través del amor. Así que cualquier explicación que me podáis dar sobre esta cuestión me resultará sin duda de gran utilidad.*

Querida Kristine, al actuar del modo en el que lo estás haciendo, partiendo de un entorno de generación de amor y *aceptando las diferencias*, estás de hecho esforzándote todo lo posible por crear la energía que permita que tu alma se expanda. No debes preocuparte por el modo en el que reaccionen las personas con las que guardas relación, o con las que tienen algún tipo de presencia en tu vida, ante tus iniciativas para proyectar amor, compasión y alegría. Lo único que precisas es continuar haciéndolo. Si alguien opta por rechazar o aceptar ese amor es cosa suya. Si tu emanación de energía es rechazada por el receptor, esa energía regresará a ti de una u otra manera.

Sin embargo, el karma no debe interpretarse como algo que imponga la necesidad de regresar para hacerse cargo de asuntos que hayan quedado pendientes en una vida anterior. No se trata ni por lo más remoto de volver para concluir, por citar un ejemplo trivial, una tarea escolar que no se ha tenido tiempo de completar. El karma es una noción asociada a la atracción entre energías similares, ¡eso es todo! Si creas un determinado tipo de energía al mismo tiempo que la proyectas al exterior, haces que esa misma energía retorne a ti. Y ello sucede en un mismo tiempo de vida, en una encarnación. Sí, es cierto que cada tiempo de vida genera cuestiones relacionadas con el karma de modo que determinados aspectos pueden pasar a integrarse a tu *historial* de fondo más de una vez, en la medida en la que la naturaleza de esos aspectos puede hacer que se manifieste a sí mismo de manera reiterada. Pero la vida no es un colegio; es esencialmente una experiencia. Y al vivir esa experiencia no hay modo de equivocarse.

CAPÍTULO
10

RESPIRACIÓN, CONEXIÓN, ALEGRÍA Y CAMBIO PLANETARIO

> «Los problemas del mundo se resuelven del mismo modo en el que se solucionan los que afectan a las relaciones personales. En cualquier circunstancia, las cosas no deben tomarse desde un plano personal y sí en cambio desde una perspectiva imbuida de compasión y amor.

He disfrutado de la oportunidad de responder a vuestras preguntas a lo largo de este libro. Sé que, con frecuencia, las cosas que normalmente pueden parecer difíciles son más sencillas apenas con un pequeño apunte de orientación. A partir de tal premisa, repasemos algunos de los temas que hemos analizado hasta ahora como consecuencia de vuestras consultas.

En primer lugar, hay que puntualizar que sois seres divinos que englobáis el espacio y el tiempo. Vuestra energía se transmite a todas las formas de vida en todo el universo. Cuando se asume una de esas formas de vida, se hace por medio de la respiración y es esa misma respiración la que permite que la energía fluya a través del propio cuerpo durante toda la vida. La respiración es algo absolutamente crucial para la existencia como humanos, ya que, en su ausencia, se regresa al estado de espíritu.

Así pues, en este universo interconectado, parece lógico que también se aprenda a conocer aquello que es parte de la forma de vida que produce el oxígeno, que permite respirar y que es componente esencial de la estructura del agua necesaria para beber y, en consecuencia, para sobrevivir. Me refiero, evidentemente, a los árboles.

En este libro nos hemos referido reiteradamente al modo en el que el conocimiento de la verdadera naturaleza de la energía del alma y de la divinidad de todas las cosas estaba presente en los sistemas de creencias de los antiguos pobladores de este planeta y, particularmente, en los chamanes de sus tribus. Esta misma noción de sacralidad del planeta y de todas sus formas de vida no es ajena a la obra de **Denise Linn**, maestra espiritual de reconocido prestigio a nivel mundial, fundadora del Instituto Internacional de *Coaching* del Alma y autora, entre otros libros, de *Unlock the Secret messages of Your Body (Descubre los mensajes secretos de tu cuerpo)* y de *Past Lives, Present Miracles*, publicado en español con el título de *Vidas pasadas, sueños presentes*. Su trabajo ensalza la importancia de los elementos, el poder de la naturaleza y el espíritu del planeta. También nos ha ayudado a compartir información angélica y ha sido testigo de primera mano de los milagros que sobrevienen cuando alguien se abre a un entorno de infinitas posibilidades. Denise ha compartido con nosotros la narración de una de sus experiencias:

> *Los ángeles no son más que un aliento exhalado. A lo largo de décadas, he impartido numerosos seminarios sobre ángeles. Me encantan estos cursos porque, a menudo, después de ellos se producen acontecimientos maravillosos.*
>
> *Por ejemplo, en cierta ocasión di un curso sobre ángeles a un grupo de 500 personas en Irlanda. En uno de los ejercicios pedí a todos los asis-*

tentes que elevaran su brazo derecho para enviar energía a las demás personas presentes en la sala.

En el centro de la misma había un hombre postrado en silla de ruedas, que padecía una grave enfermedad incapacitante. Se mostraba muy contrariado por el hecho de que, debido a su dolencia, no podía levantar el brazo, aunque en realidad deseaba enviar su energía a quienes se encontraban a su alrededor.

Súbitamente notó que alguien le alzaba el brazo desde atrás. Pensó que sería alguno de los otros asistentes que le estaba ayudando a hacerlo, pero al volverse para darle las gracias… no había nadie detrás de él. Se sentía del todo sobrecogido, ya que había percibido los dedos y la mano de alguien que le sujetaba el brazo; había incluso una marca en la ropa en el lugar donde había notado la sensación de ser ayudado. Les pedí a los participantes que levantaran el brazo hasta cinco veces y las cinco sintió que la mano invisible elevaba el suyo. Su mujer, que estaba sentada a su lado, también podía ver la señal de los dedos en el brazo de su esposo, como si una mano etérea se lo elevara una y otra vez.

Al terminar el curso la pareja se acercó a mí con lágrimas en los ojos. Eran conscientes de haber sido testigos de un milagro.

Pero, al igual que hay milagros que se producen cuando alguien accede a la energía del reino angélico, los hay también que tienen lugar al acceder al reino de los elementos, es decir a la esfera de todas las cosas que existen alrededor de vosotros.

El planeta que habitáis día tras día provee de manera natural los recursos necesarios para nutrir a todos sus habitantes. Produce medicamentos naturales para curar las enfermedades e incluso ofrece medios para compartir la energía. Así pues, me produjo una gran satisfacción recibir una pregunta de Denise, que, por otra parte, me permitía extenderme en lo referente a este tipo de cuestiones. Su petición era la siguiente:

Me encanta escuchar el rumor e intentar intuir los mensajes secretos que emanan de los árboles. ¿Podrías hablarnos sobre la más profunda energía presente en los árboles de nuestro planeta? Gracias.

Disfruto hablando de los árboles, porque al hacerlo rindo homenaje a los seres que tal vez desempeñan un papel más importante en el ecosistema de la Tierra. Para que los humanos puedan vivir, les es necesario el aire. Cuando se respira aire se aporta energía al cuerpo y se eliminan, a través de distintos mecanismos, la energía obsoleta y las células que ya han cumplido su función y ya están preparadas para ser recicladas. A fin de que estos procesos tengan lugar, es necesario disponer de oxígeno y para disponer de oxígeno es preciso contar con los árboles. Reflejando un hecho que constituye uno de los principales hitos de la creación, los árboles están diseñados para almacenar y transformar el dióxido de carbono en oxígeno, siendo esta conversión fundamental, en tanto que contribuye a purificar tanto las aguas como el aire.

Además, los árboles están interconectados entre sí por extensas redes de hongos, que hacen posible que los de mayor edad y más firmemente asentados en el terreno *nutran* a los de menor tamaño y menor estabilidad, transfiriéndoles carbono a través de esas redes. En otras palabras, los árboles forman familias y dan soporte a sus comunidades del mismo modo que lo hacen los humanos. Esta comunicación no tiene lugar solo a nivel de las redes fúngicas. A medida que los árboles producen oxígeno y lo liberan a la atmósfera, generan también sutiles ráfagas de aire que hacen que sus ramas crujan levemente y que de sus hojas emanen suaves susurros. Si hubiera que darle un nombre a este singular fenómeno, se le podría llamar la «canción de los árboles». Los humanos han intentado reproducir el sonido que en ella se genera, ideando instrumentos de viento-madera, como la flauta dulce o el clarinete. Puede decirse que, en los árboles, el movimiento del aire origina un suave rumor y que la posición de las ramas y la oscilación de las hojas actúan de la misma manera que los dedos del ejecutante y que los registros del instrumento.

Cada espiración que los árboles emanan al medio ambiente, lleva implícita la narración de una historia referida a todo aquello que sucede sobre la superficie del planeta y también por debajo de ella.

En diversas culturas se hace referencia a los árboles como «los que se alzan hacia lo alto», o designaciones similares, y se considera que esos seres vivos han atesorado una gran sabiduría, porque han sido testigos de muchas cosas y han aprendido a mantenerse firmes meciéndose con el viento. Si se deja pasar el tiempo necesario en silencio para escuchar los sonidos de los árboles cuando susurran y se permite que la mente *imagine* qué es lo que transmiten a través de esos rumores, resulta en última instancia sorprendente el modo en el que la propia alma ayuda a comprender el mensaje. De esta manera se infunde parte de la propia energía en los árboles y, cuando el cuerpo deja que el alma escuche, esta percibe el sonido del alma en todas las cosas. Este proceso está también en el origen de la palabra *námaste*, expresión de saludo de diversas tradiciones indias y budistas, que podría traducirse por «mi alma honra tu alma». Cuando se honra el alma en todas las cosas, se aprende a escuchar los mensajes que ella transmite. Y cuando la propia identidad se hace una con la del planeta en el que se habita, empieza a conocerse la manera de vivir en mejor armonía con el planeta y con todos los que existen en él.

Los árboles prestan asimismo otro maravilloso servicio a la raza humana, al igual que a otras muchas especies. Son capaces de transmutar la energía negativa que soportan las personas, emitiendo una renovada energía, más apegada a la tierra. Hace varios años se desarrolló un movimiento que abogaba por abrazar un árbol como forma de liberación de las energías perjudiciales, y eran muchos los que afirmaban que, al hacerlo, se sentían aliviados e invadidos por una nueva fuerza vivificante. Quienes no compartían la preocupación por el medio ambiente, crearon con intención despreciativa los términos «abrazaárboles» y «abrazador de árboles» para denostar a los seguidores de este movimiento. Cuando se rodea con los brazos el tronco de un árbol grande, o con las manos el de uno pequeño, el árbol ejerce un efecto que tiende a extraer las células ya listas para ser eliminadas y a inducir en el cuerpo una energía renovada. Ello contribuye a sentirse más arraigado en la Tierra y más equilibrado.

El planeta siempre busca la creación de equilibrio, la detección de nuevos medios para regenerarse a sí mismo y el establecimiento de nuevos sistemas con los que responder a las necesidades de quienes lo habitan. Como seres humanos, debéis tener en cuenta la importancia de contemplaros a vosotros mismos como seres terrenales, que forman parte del planeta, en la misma medida que las flores que brotan del suelo o las abejas que polinizan esas flores.

Al igual que el planeta busca la forma de proporcionar equilibrio a quienes lo pueblan, una de las cosas más importantes que el alma debe sentir en lo que respecta a la experiencia terrena es el aprovechamiento de las oportunidades de hallar, o de crear, alegría y gozo en todo lo que la rodea. **Sonia Choquette**, maestra de sanación espiritual, consultora sobre percepción por medio del sexto sentido y autora de obras de gran éxito de ventas, como *Grace, Guidance and Gifts (Gracia, guía y dones)* o *Travelling at the Speed of Love (Viajar a la velocidad del amor)*, nos cuenta una fascinante y personal aventura relacionada con los milagros que suceden cuando no se pierden de vista todas aquellas pequeñas cosas que proporcionan alegría. Sonia narra su historia en los siguientes términos:

Encontré a mi ángel de la guarda ya hace muchos años. Me había retirado por un tiempo a Hawái al final del invierno, para recuperarme de un extenuante periodo de falta de sueño, por los partos de mis dos hijas, nacidas en un intervalo muy corto de tiempo, por una inacabable reforma de mi casa y por una apabullante carga de trabajo en forma de citas y consultas. Los dos primeros días después de mi llegada a las islas lo único que hice fue dormir. No obstante, el tercer día ya me levanté y baje a la playa, donde me senté en silencio cerca de la orilla a reflexionar sobre mi vida.

Aunque tenía dos preciosas niñas y un maravilloso marido, no me sentía feliz. En nuestras vidas había demasiada tensión, estábamos agobiados por las deudas y todo lo que hacíamos Patrick, mi esposo, y yo era luchar para salir adelante. Teniendo por entonces muy poco apoyo externo, tanto yo como mi marido nos sentíamos superados por la responsabilidad. Estaba por desgracia claro que toda la alegría se había desvanecido de nuestras vidas y que nos estábamos limitando a sobrevivir día a día.

Allí, sentada en la playa, alejada de todos los problemas, recé invocando un cambio, algo que devolviera mi vida a la senda de la felicidad.

Al día siguiente paseé por la playa durante más o menos 1 hora y, espontáneamente, me di la vuelta y me dirigí deambulando hacia la ciudad para conocerla. Entré en una librería especializada en obras de metafísica, con la sensación de que algo me había conducido hasta ella. Solo había una mujer tras el mostrador y comencé a curiosear entre los libros. Experimenté una sensación de agradecimiento hacia la encargada, que parecía preocuparse por mí mientras hojeaba los libros sin interrupción.

Trascurridos unos minutos, un atractivo hombre de raza negra salió de la trastienda y se dirigió directamente hacia mí. Medía casi 1,90, vestía completamente de blanco y, mientras hablaba, mostraba una amplia y rutilante sonrisa. En cuanto estuvo frente a mí me dijo:

—¿Cómo estás? Te he estado esperando.

—¿A mí? —respondí sorprendida.

—Sí —contestó, al tiempo que me acercaba una caja llena de pósteres espirituales—. Mira esto —dijo, sacando uno con la imagen de un ángel femenino caído en una playa—. Esta eres tú.

—Muy perspicaz —bromee—. Así es exactamente cómo me siento ahora.

—Ahora veamos —continuó—. Esto es lo que debes hacer —Sacó otro póster que, en esta ocasión, reproducía la imagen de un ángel masculino abrazando al ángel femenino y volando hacia el cielo. Súbitamente experimenté una aguda punzada de dolor, al percibir lo mucho que Patrick y yo nos habíamos alejado. Trabajábamos tanto los dos que apenas nos veíamos y, cuando lo hacíamos, no estábamos en verdad de humor para hablar o escucharnos el uno al otro o, simplemente, para pasar un rato juntos. Por si fuera poco, ninguno de los dos teníamos *tiempo ni tan siquiera para nosotros mismos, ni tan siquiera para disfrutar de nuestras hijas.*

—Conecta con tu pareja y acordaos de bailar —dijo el hombre mientras se daba la vuelta, diciendo «volveré».

Me quedé de pie, mirando los dos pósteres y pensando desconcertada en lo que acababa de escuchar, cuando la mujer que estaba detrás del mostrador me preguntó si necesitaba ayuda.

—No, muchas gracias —respondí—. El señor que estaba en la trastienda me ha ayudado ya.

Frunció el ceño y dijo:

—¡Señor! ¿Qué señor?

—El caballero que acaba de entrar en la trastienda —repuse.

Sacudiendo la cabeza y mirándome como si estuviera loca, me dijo:

—Aquí no trabaja nadie más que yo.

Después de comprobar por sí misma la trastienda, volvió a salir y corroboró, sin abandonar su expresión de perplejidad:

—Aquí no hay nadie.

Confundida, miré los dos pósteres. Luego recordé el reluciente traje blanco que lucía el hombre y de pronto comprendí que se trataba de un ángel, de mi ángel. Había aparecido de la nada para hacerme llegar el mensaje de que me tranquilizara, de que simplificara mi vida y volviera a disfrutar de Patrick y de mis hijas y de que confiara en que todo iría bien, un mensaje que sin duda necesitaba desesperadamente escuchar en aquel momento. Como me dijo que volvería, en lo más profundo de mi corazón percibí que mi familia y yo recibiríamos ayuda de un modo u otro. Por fin pude sonreír y a continuación reí abiertamente, mientras me invadía una maravillosa sensación de serenidad y confortación.

—No importa —le dije a la encargada de la librería mientras me encaminaba hacia la puerta, aún maravillada por lo que me acababa de pasar, y con una intensa sensación de alivio. Estaba inmensamente agradecida por el hecho de que ese ente se manifestara aquel día para aportar un halo de luz a mi sombría vida. De ese día en adelante llamé a mi ángel Bright, brillo.

El objetivo de este último capítulo es doble:

1) Proporcionar una sensación de esperanza y constatar que no existen razones para que no se experimente un firme sentimiento de optimismo.
2) Contribuir a sembrar las semillas de un mañana más luminoso. El amor, la seguridad, la paz y el bienestar son todas ellas cosas que comienzan en el hogar. Se trata de sentimientos que se inician en el corazón y se expanden hacia en exterior dirigiéndose a las relaciones, la familia, los amigos y, finalmente, hacia las demás personas del mundo que, de uno u otro modo, se ven influidas por lo que vosotros creéis, lo que sois o el modo en el que actuáis.

En la historia de Sonia, la manifestación física de la energía angélica no llegó a ella para analizar lo que debía hacer para salvar el mundo, sino para salvar su relación con su esposo y a ella misma. Sea cual sea la energía de vuestra alma y sea cual sea la energía del universo que percibáis, vuestra relación con vuestro ángel es por completo individual. Cuando se explica la inmensidad de todo aquello con lo que se entra en contacto, es posible que en ocasiones resulte difícil de captar que, al mismo tiempo, se registra una intimidad increíble entre todos los diferentes niveles de creación. El mensaje que el ángel de Sonia le hizo llegar a ella es el mismo que puede resultar de utilidad para todos los que lean este libro: relajaos, simplificad vuestra vida, disfrutad de ella y confiad y sabed que no carecéis de poder.

Al mismo tiempo que os exhorto a expandir vuestra capacidad de generar alegría y optimismo, por desgracia basta solo con escuchar las noticias para saber que, en el mundo, suceden a diario infinidad de acontecimientos que pueden agotar la energía de cualquiera. Sonia reflexiona sobre ello:

¿De qué manera podemos mantener nuestros corazones llenos de confianza y amor cuando el mundo parece tan asolado por actos terroristas y todo tipo de atrocidades cargadas de odio entre grupos de personas que parecen ser cada vez más numerosos en todas partes del planeta?

*¿Cómo puede una persona contribuir a invertir la espiral descendente
en contra de la consciencia que está teniendo lugar en nuestros días?*

Aunque la respuesta a estas interrogantes pueda parecer simplista, los problemas del mundo se resuelven del mismo modo en el que se solucionan los que afectan a las relaciones personales. En cualquier circunstancia, las cosas no deben tomarse desde un plano personal y sí, en cambio, desde una perspectiva imbuida de compasión y amor.

Imaginemos por un momento que una persona forma parte de un equipo de atletismo y que debe participar en carreras de vallas. Se trata de una modalidad que requiere desarrollo de una notable destreza y de determinadas aptitudes a lo largo del tiempo, dado que, a fin de superar los obstáculos manteniendo una velocidad alta, es necesario tener equilibrio, dominar la coordinación y tener capacidad para no elevarse en exceso. La persona que tiende a hacer suposiciones y a elaborar conjeturas ante las adversidades que ha de superar puede sacar conclusiones que le hagan *saltar a más altura de la necesaria.* Cabe la posibilidad de que esa persona sea perfectamente capaz de superar cualquier contratiempo, pero que en realidad no se sienta en posesión de dicha capacidad y, por ello, tienda a *atacar la valla* de una forma que le haga tropezar con ella. Algunos mantienen el criterio de que es preferible rodear los obstáculos sin acometerlos, pero ello implica abandonar por un momento la calle por la que se corre, pasando a la de otro y siguiendo la senda ajena durante un tiempo, hasta que se considera seguro volver a la propia.

El corredor que consigue mejor resultado es siempre aquel que no presta atención a los demás corredores. El que corre contra sí mismo y aborda sus obstáculos personales, el que acomete los desafíos con alegría y sin reparo alguno, sabe que superará esas vallas, porque siempre ha conseguido rebasar todas las que se le han puesto por delante y que se ha visto obligado a saltar a lo largo de su vida. Y, en última instancia, lo importante no es competir con los otros corredores. Lo esencial es la propia carrera; es la superación de los sucesivos obstáculos con la confianza que dan los éxitos obtenidos en el pasado.

Lo crucial de la vida no es la competición, ni tan siquiera las lecciones que puedan extraerse de ella. Lo fundamental es la experiencia. Y la experiencia que se busca y la energía que se desea transmitir al mundo no son otra cosa más que alegría.

El mundo siempre ha estado cargado de problemas, y siempre ha habido quienes, a partir de su propia sensación de impotencia e ineptitud, han aterrorizado, acosado o amenazado a otros. Platón, el gran filósofo de la Grecia clásica, escribió en su obra *La República* las siguientes palabras que, por lo demás, aún hoy mantienen intacta su vigencia: «Cuando el ojo de la mente se fija sobre objetos iluminados por la verdad y la realidad, los comprende y los conoce y su posesión de la inteligencia resulta patente; sin embargo, cuando se fija sobre el mundo crepuscular del cambio y la decadencia, solo puede formar opiniones, su visión es confusa, sus creencias cambiantes, y parece faltarle inteligencia». Resulta evidente que, en el mundo en el que os ha tocado vivir, estos mismos problemas han debido estar presentes durante bastante tiempo, si ya llamaron la atención a Platón. Y los libros de historia están llenos tanto de figuras que cometieron las más terribles atrocidades como de otras que demostraron con sus actos un trascendental heroísmo. La decisión de cada cual sobre concentrarse en una y otra faceta de la experiencia vital es lo que determinará la percepción individual de realidad en la creación de energía global. Y eso sí, no conviene equivocarse a este respecto: los propios pensamientos y los pensamientos de los demás son los que crean de manera continuada esa energía global.

Para mantenerse con confianza plena y para que sea posible sentir que se surge de un sentimiento de amor, compasión y comprensión que brota del propio corazón, es necesario iluminar la verdad y la realidad del conocimientos de todo aquello que ahora sabéis sobre el alma. Conocéis la certidumbre del hecho de que todos sois la misma energía y de que esta energía puede estar desempeñando un papel diferente en esta vida del que desempeña en otro entorno. También conocéis la verdad del hecho de que sois eternos; todo lo que os suceda en esta vida no es más que parte de un trayecto mucho más extenso del que habéis aceptado formar parte. Sin embargo, lo que sin duda es más importante es que habéis aprendido que podéis ¡optar por la alegría!. Tenéis, pues, la posibilidad de no concentraros en el «mundo crepuscular del cambio y la decadencia» y de volcar vuestra atención y vuestro interés en descubrir todas las cosas maravillosas que suceden a vuestro alrededor y aprender de ellas.

Buscad fuentes positivas, o al menos equilibradas, de información sobre el mundo que os rodea, que os permitan conocer y comprender realmente las ideas y creencias de las diferentes culturas, siendo conscientes de que, en cada colectivo distinto, hay ángeles que se comunican con las personas que los integran y que intentan difundir mensajes de amor. Por consiguiente, no debéis invocar la decadencia de un grupo o de una cultura, sino abogar porque haya ángeles que rodeen a sus integrantes alzando su vibración hacia un estado de amor más elevado. Sin duda, podéis hacerlo.

El único modo de conseguir que la energía del odio, la violencia y el temor se eleve a niveles superiores y, en consecuencia se transforme, es aportar la mayor cantidad posible de amor y ternura, de fe y confianza. Si se vive la vida basándose de manera constante en estas premisas, aun cuando no se focalice la atención en los acontecimientos del mundo, se estará creando en todo momento una energía positiva que se proyectará hacia el mundo y contribuirá a favorecer su cambio.

Estos antecedentes sirven de presentación para lo que considero el planteamiento perfecto para concluir el presente capítulo.

Una de las cartas que recibimos parecía casi haber sido enviada desde el yo superior, para proporcionar confortación y consuelo. *Kristen Barrett Mattern, coach* intuitiva de Santa Cruz, California, contaba en ella lo siguiente:

> *Sé que hay tantos puntos de vista y opiniones diferentes como personas habitan la Tierra. Oigo decir a muchas de ellas que el mundo necesita protegerse de la destrucción a la que lo están abocando los seres humanos. El mundo necesita más amor. Salvar a los niños,*

RESPIRACIÓN, CONEXIÓN, ALEGRÍA Y CAMBIO PLANETARIO

salvar a las ballenas y así sucesivamente. También escucho a los de más edad lamentarse de que todo está peor que antes: la economía, la contaminación, la delincuencia. Unos y otros dicen que hemos perdido nuestra inocencia como sociedad. Habiendo pensado muy a fondo en estas cuestiones, en lo más profundo de mi ser siento que todo está bien en lo que respecta a nuestro mundo. He sentido que nuestro entorno físico está lleno de contrastes, lo que hace que tengamos aún mucho que experimentar.

Percibo que los pretendidos problemas de ese mundo son también oportunidades para que las personas experimenten amor verdadero, tanto dándolo como recibiéndolo. Cuando algo o alguien recibe ayuda o registra una mejora, experimenta recepción de amor y su existencia se transforma para bien. Quien proporciona la ayuda siente un amor que contribuye a cumplir su propósito, a través de ese mismo acto de amor. Me parece advertir que el mundo se está expandiendo de modo natural, en la medida en la que la propia expansión del universo lo permite. No me siento, pues, preocupada.

He de decir a mi querida Kristen y a todos mis amados seres queridos que están leyendo estas páginas, que, efectivamente, «todo está bien en lo que respecta a nuestro mundo». En tanto que restringidos a vuestro entorno físico y a vuestro nivel de vibración terrenal, resulta difícil para vosotros ser conscientes de que todo cuanto existe a vuestro alrededor ha sido creado por vosotros mismos y por quienes os rodean. Como si de una montaña rusa se tratara, estáis inmersos en un recorrido que vosotros mismos habéis decidido realizar, que os emocionará, os atemorizará, os llevará hasta alturas insospechadas, os hará caer repentinamente sin advertencia previa y os hará reír y gritar y también llorar y sentiros mal. Y cuando haya concluido y podáis abandonar ese recorrido y correr temblorosos a los brazos de un ser amado, miraréis hacia atrás por encima del hombro y diréis «¡Quiero volver a hacerlo de nuevo!».

Esa es la singular naturaleza del alma, que espero que ahora comprendáis mejor.

Consideremos ahora este maravilloso mundo y el contenedor que habéis escogido para habitar en vuestro entorno físico. Por cada historia que nos habla de una persona que comete alguna atrocidad hay, en correspondencia, varios millones de historias relativas a personas que cuidan de sus familias, que aman a su marido, su mujer, su novio o su novia, que disfrutan viendo jugar a sus hijos y que mantienen sus corazones permanentemente abiertos a la alegría y al gozo. Cada persona que contemple su evolución desde su propio punto de vista podrá conocer los motivos por los que sentís que la existencia está abocada a un futuro brillante y que, en consecuencia, ya está integrada en el proceso que conduce a él.

Al llegar a las últimas páginas de este libro, conviene recordar que las exposiciones que se han presentado a lo largo de estos capítulos son consecuencia de vuestras preguntas, y que la verdad, la belleza y la alegría salen a la superficie como consecuencia de la reacción a la que siempre es la principal interrogante en el estado de alma: «¿Cómo puedo ser más feliz?».

He aquí, para finalizar, algunas breves y sencillas sugerencias destinadas a contribuir a que ello suceda, que, al llevarse a cabo, pueden ayudaros a sentir en vosotros mismos las respuestas energéticas a muchas de las preguntas que aquí se han formulado:

Amad, reíd, compartid.
Mantened el ánimo elevado y sonreíd.
Echad los hombros hacia atrás para abrir vuestro centro del corazón.
Cantad, bailad y practicad ejercicios que os resulten estimulantes.
Abrazad a un animal.
Abrazad a una persona.
Formulad en voz alta la pregunta «¿Por qué mi vida está tan llena
de alegría?» al menos tres veces al día.
Haced algo que os gustara hacer cuando erais niños.
Haced alguna travesura o algo divertido.
Mostrad gratitud por todo lo que tenéis.
Celebrad los éxitos de los demás.

Recordad con cariño a todas las personas que os han criticado
o han objetado vuestro comportamiento.
Recordad asimismo a aquellos que os han demostrado
un amor o un aprecio sinceros.
Abrazaros a vosotros mismos.
Perdonad a los demás y dejad de formular juicios de valor
sobre otras personas y, especialmente, sobre vosotros mismos.
Rezad porque vuestros enemigos encuentren alegría y amor
en sus corazones.
Y no os olvidéis nunca, en cualquier situación en la que preciséis ayuda, de…
¡invocar a una legión de ángeles!

Quedad en paz, mis amados seres queridos.
Todo mi amor,
Margaret

AGRADECIMIENTOS

Cuando escribí los agradecimientos para mi primer libro, *Messages from Margaret (Mensajes de Margaret)*, me resultó realmente difícil decidir en qué punto debía parar. Esa es una de las cosas más maravillosas que ocurren cuando entras en un espacio de gratitud: solo quieres seguir adelante. De modo que sed precavidos: ¡la tarea puede llevar su tiempo!

Dediqué mi primer libro a una mujer maravillosa y, a menudo, durante mi programa de radio y en la mayoría de mis conversaciones personales, es fácil escucharme hablar de Gail. Cuando lo hago me refiero a Gail Lisa.

La conocí en 1988 y, desde la primera conversación que mantuvimos, supe que mi alma anhelaba estar con ella, y ahora, 27 años más tarde, nada ha cambiado. Gail, tú vives para llevar la alegría a los demás y cuidar de la gente. Cuando mi madre enfermó y no podía ya valerse por sí misma, dejaste tu trabajo para ocuparte de ella. Te convertiste en la persona a la que ella siempre llamaba, porque derrochas amabilidad en todo momento. Querías a David, el niño autista al que cuidabas como voluntaria, y lo hacías tan bien que creció a pasos agigantados y acabaste trayéndotelo a casa a vivir con nosotros para siempre. Eres la persona que siempre trae belleza y amor a nuestra casa —sabiduría, alegría y una cantidad apropiada de calculada ingenuidad—, tratando en todo momento de vivir en la verdad y ayudando a los demás a *perseguir su felicidad*. Eres una madre increíble, una abuela incluso más increíble, la mejor amiga que cualquier ser humano o animal podría tener, mi mayor inspiración, mi crítica más dura pero también la más cariñosa, mi amor y mi compañera en la vida. Con toda la gratitud que es posible sentir, te dedico todo lo que soy y todo lo que hago. Muchas gracias por compartir tu vida conmigo y por ser como eres. Siempre te querré y seré tu mayor admirador, y tú serás siempre el viento que sopla bajo las alas de Margaret. Ella me ha pedido que te dé las gracias, y así lo hago; yo, además, te quiero.

En este libro Margaret habla en reiteradas ocasiones de la alegría y también de la necesidad de aumentar el nivel de la misma. Para mí, la familia ha sido siempre una gran fuente de dicha y satisfacción. Al conocer a Gail, tuve la oportunidad de convertirme en parte de una familia ampliada; en breve me extenderé algo más para hablar de ellos. No obstante, mi familia original comenzó con dos hijas increíbles, Melissa y Tiffany. Cada una de ellas aporta al mundo su talento y su amor de un modo ciertamente especial, desplegando toda su creatividad, estando siempre a disposición de los demás y siguiendo su propio y singular camino. No puedo estar más orgulloso de cada una de vosotras y deseo agradeceros que siempre me hayáis apoyado, incluso en momentos realmente duros. Me encanta que esas «chicas hippies» y libres que erais en vuestra adolescencia sigan viviendo en vuestros corazones ahora que sois ya dos maravillosas mujeres.

Tiff, me encanta y apoyo de la manera más decidida tu apasionamiento en la vida y que no te asuste alzar la voz en defensa de cambios que permitan a todos controlar el destino de su propio cuerpo. Al mismo tiempo, estoy muy orgulloso de cómo te esfuerzas en alcanzar la excelencia en todo lo que haces, en el trabajo, en casa y en tu formación. Eres la mujer con más determinación que he conocido nunca. Pero más allá de toda esta seriedad, eres encantadora, divertida, atractiva y esposa, madre, hija y amiga maravillosa para otros. Fuiste también mi primera *girl scout*, la primera «niña de mis ojos», en realidad, mi primera editora. Siempre serás mi *barman* preferida y mi acompañante favorita en los conciertos.

Como primogénita, Tiff resultaba difícil de igualar, pero eso es exactamente lo que hizo Melissa. Ella vino al mundo con sus propios dones, que han repercutido en su mundo y en el nuestro de un modo tan poderoso como el de su hermana. Lissa, eres una de las personas con mayores capacidades artísticas y creativas que he conocido nunca, y todo cuanto haces está lleno de tanto amor y dedicación —desde los disfraces de Halloween hasta los pasteles y bollos de tus estupendos regalos personalizados— que llegas directamente al corazón de todos los que te rodean. Eres una incansable defensora de los niños autistas y de sus padres y una siempre dispuesta colaboradora en los programas de los servicios sociales en tu parroquia. Yo solo nunca hubiera podido sacar adelante los boletines de información sobre mis trabajos sin tu inapreciable ayuda, tus conocimientos y tu experiencia técnica. Siempre tratas de llevar un poco de felicidad a la vida de la gente y eres divertida como nadie.

Os quiero muchísimo a las dos y, sobre todo, aprecio la manera en la que hacéis las cosas y cómo las enseñáis también a las nuevas generaciones. Por eso quiero a mis nietos, Ian, Ryan y Kyla, a los que deseo mencionar aquí para que algún día puedan mirar atrás y rememorar algunas de las cosas maravillosas de su vida.

Ian, a pesar de tu corta edad, ya has ido a manifestaciones con tu madre, y has sido la voz de protesta más joven de tu generación en favor de numerosas causas justas. Defiendes la paz y el amor y cada día estás más guapo y eres más inteligente. Tienes muy buen oído y también intuición y sentimiento para la música. Recuerda que, a pesar de lo que puedan decirte tus profesores, la vida *no tiene* por qué ser una lucha. Cuanto más amor, más serenidad y más paz aportes a la vida, limitándote simplemente a *ser tú mismo*, más feliz serás y más alegría llevarás a los demás. ¡Hagas lo que hagas, mantén siempre al abuelo lejos de las ventanas en el ferry! ☺ ¡Te quiero!

Ryan, es probable que no hayas comprendido del todo por qué elegiste venir al mundo con las aparentes limitaciones que te impone tu autismo, pero de una cosa estoy seguro: nunca dejarás de asombrarnos por las barreras que vas superando una tras otra. El amor puro que se desprende de ti y la dulzura de tu naturaleza nos llega a todos al alma y al corazón. Nos brindas la oportunidad de ver el mundo a través de tus ojos y ello hace que nos demos cuenta de lo verdaderamente maravillosa que es la vida. Algún día, pensar en Mr. Bear y en jugar con tu abuelo a juntar nuestras cabezas mientras decimos «te quiero» no será para ti más que un recuerdo vago y lejano, pero este recuerdo de amor siempre estará en mi corazón y me llenará los ojos de lágrimas. ¡Te quiero!

Mi nieta Kyla es gimnasta, bailarina y una animadora llena de energía que aspira a tener su propio canal de YouTube. ¡Es fácil encontrar esto en las redes! Pero es tu gran corazón, Kyla, lo que me hace estar tan orgulloso de ti.

A la tierna edad de seis años, al ver las dificultades por las que pasaban los niños sin hogar, pediste a tu mamá que te ayudara a montar www.kylakares.org, una organización sin ánimo de lucro que proporciona mochilas llenas de cosas magníficas a niños sin hogar y refugiados, para ayudarles a sentirse un poco más como en casa, dondequiera que se encuentren. Desearía poder tomar ese amor que rebosa tu corazón y meterlo en mochilas para entregarle una a todo el mundo. ¡Te quiero!

Hay una oración que Melissa reza todas las noches con los niños y que termina diciendo: «Soy inteligente, soy amable, soy solidario y voy a cambiar el mundo». Me gusta esa oración. Gail, la «abuela adoptada» de mis nietos, se enamoró de esa oración cuando Kyla la pronunció en nuestra casa, tanto que empezó a rezarla con sus propios nietos, Max y Sarah.

Max es un genio en matemáticas y un prometedor guitarrista *country* en ciernes. Podría acabar convirtiéndose en futbolista profesional, porque lo cierto es que es francamente bueno en ese deporte. Max, estás aprendiendo a ser —y te gusta hacerlo— un caballero de la cabeza a los pies. Sigue siempre así, como un caballero de verdad, portador de paz y comprensión al mundo. Siempre recordaré que confiabas en mí para que te ayudara con los deberes de matemáticas, y de alguna manera, no me preguntes cómo, ¡nos salían bien! Admiro cómo te has reinventado a ti mismo: de ser un chico tímido a ser tan extrovertido y dispuesto que consigues hacerte amigo de cualquiera. ¡Y tu corazón es tan grande como tu sonrisa! Sigue amando la vida, peleando duro y siendo tú mismo.

A Sarah le gusta bailar y cantar y escribir sus propias canciones; y toca el piano como si hubiera recibido clases en el vientre materno. Le gustan las cosas de chicas y las cosas de *chicazo*, y la vida y las risotadas, y le gusta contagiar esa alegría a los demás. A menudo me observa y *viaja* conmigo cuando hago un trabajo chamánico, y sé que, a medida que pasen los años, irán creciendo en ella sus dones intuitivos. Por algo te llamamos la «princesa del corazón de oro». Por favor, deja siempre que tu corazón resplandezca de amor. ¡Me siento tan honrado porque Max y tú me aceptarais y porque me llaméis abuelo...! Los dos tenéis las risas más contagiosas del mundo, que alegran a cualquiera, ¡y os quiero mucho a los dos!

Sería un gran descuido por mi parte no expresar aquí mi agradecimiento a los hombres que hay detrás de las magníficas mujeres que son mis hijas y de mis no menos magníficos nietos. Así que al padre de Ian, John Green, al padre de Kyla y Ryan, David Medina, y al padre de Max y Sarah, Efrén Cifuentes, y a su padrastro Gurkan Unal, a vosotros os confío la labor de ser el ancla en las vidas de vuestros hijos y de ayudar a sus madres a cuidarlos, así como a enseñarles a vivir con vuestro ejemplo. Es importante mostrarles que los padres aman tan profunda y espiritualmente como las madres, y con la misma alegría, y yo aprecio y respeto vuestro papel a la hora de enseñar a los niños esta lección de vida. Todos vosotros sois buenas personas —e intentáis siempre ser mejores— y esto es algo verdaderamente formidable. ¡Os quiero, chicos!

¡Ahora volvamos a las damas! No puedes convertirte en abuelo adoptado si no te conviertes en un padre adoptado; y las hijas de Gail, Amanda y Courtney, me concedieron precisamente ese honor. Me adoptasteis en vuestras vidas y me permitisteis compartir vuestros años de adolescencia y vuestros primeros años como adultas, para finalmente concederme el honor definitivo de ser la persona que elegisteis para oficiar la boda de ambas.

Amanda, tú siempre has sido una buscadora innata, siempre intentando encontrar tu propio camino en la vida. Siempre me ha gustado mostrar tu curiosidad natural por todo y por todos. Aprendí todas mis habilidades como entrevistador escuchándote conversar con gente, sentados todos alrededor de la mesa del comedor. Aunque tal vez lo hicieras por alguna extraña cuestión logística, me sentí muy honrado cuando me diste la oportunidad de acompañarte del brazo hasta el altar el día de tu boda, para luego oficiar la ceremonia. Eres tan fuerte y voluntariosa que te enfrentas a todo lo que la vida te va presentando y lo conviertes en algo bueno. Eres inteligente y organizada, y tendrás éxito en cualquier cosa que intentes. Me gusta cómo te alzas siempre en defensa de Max y de Sarah, y ellos saben que te tienen siempre ahí. Recuerda en todo momento que la vida te ama y que, según reza en el imán del frigorífico de tu madre, el mundo conspira en tu favor. ¡Te quiero!

Courtney, tú eres brillante, creativa y tienes talento. Nadie mejor que tú podría arreglárselas para organizar tus magníficas fiestas anuales en la granja y conseguir que cada una de ellas sea más grande, mejor, más grandiosa y siempre más divertida. ¡Ahora son ya legendarias! Dominas el arte de la manifestación y atraes las más asombrosas experiencias y oportunidades. Ya de niña, siempre eras el centro de tu grupo de amigos y así sigue siendo aún hoy. Te gusta emanar alegría y haces lo posible para que todo el mundo celebre la vida. Eres siempre la que descubre cosas nuevas y divertidas para hacer y después invitas a todo el mundo a conocerlas y compartirlas. Por esta razón, te has hecho con el grupo de amigos más increíble y ecléctico que pueda existir, aunque todos ellos tienen una cosa en común: les gusta estar contigo. Como a tu madre y a mí. Gracias por estar siempre difundiendo tu alegría en dirección a nosotros y por ayudar a elevar las vibraciones de todas las personas que hay en tu vida. La vida te ama porque tú amas a la vida. ¡Y yo también te quiero!

Y gracias asimismo a los otros dos hombres que fueron adoptados por esta familia junto conmigo, Vincent Emmolo y Gurkan Unal; estoy contento de que os unierais al equipo. Realmente, los dos sois grandes personas y me siento orgulloso de pensar en vosotros, junto a mis yernos John y a David, como en mis hijos. Gurkan, te honra el modo en que amas a Amanda y a los niños, y la manera en la que cuidas de ellos, y aprecio enormemente cómo consigues que todo el mundo a tu alrededor se sienta alguien especial. Vinny, tú siempre inspiras sensaciones de alegría cuando entras en una habitación, y me encanta el modo en el que estableciste contacto con Margaret para abordar el *coaching* de automotivación y de trabajo. Gracias por haber compartido conmigo tantas cervezas, tantas risas e historias y tantos buenos ratos. ¡Os quiero, muchachos!

Antes he mencionado al sorprendente pequeño de nombre David, que apareció en nuestras vidas cuando tenía 4 años y medio y que vino a vivir con nosotros cuando contaba 10. David Anderson tenía, en el momento de escribir este libro, 24 años. Cuando lo encontramos apenas sabía hablar. Fue progresando, desde la enseñanza primaria a la secundaria y hasta llegar a graduarse. Nuestras vidas, al igual que las vidas de los animales de nuestra pequeña granja de caballos, son mucho mejores gracias a él. Tiene un más que peculiar sentido del humor, una asombrosa capacidad para imitar la voz de prácticamente cualquier personaje de dibujos animados, una singular perspectiva artística, que le permite crear formas atractivas, entrañables y originales de este tipo de personajes, y una ternura y una sensibilidad que le hacen estar siempre pendiente de los demás.

David, eres el capataz de nuestra granja, pero también eres quien se encarga de cuidar los corazones de todos y cada uno de nosotros, y nadie hace ese trabajo mejor que tú.

Tengo suerte de que mis hermanos, George Gavin y Jim Cramer, vivan cerca de mí. No obstante, aunque viviéramos separados por una gran distancia, continuaríamos sintiéndonos cercanos. Los dos son personas realmente sorprendentes.

Cuando tenía poco más de 40 años, mi hermano George sufrió varios derrames cerebrales que dejaron varias partes de su cuerpo paralizadas y que le privaron del habla, lo que, para alguien tan aficionado a conversar, creo que debió de ser lo más duro de todo. Pero George es un luchador nato y pudo recuperar su capacidad de hablar, no solo en inglés, sino en los otros seis idiomas que conoce. También recobró la movilidad, sin perder en ningún momento la alegría de vivir. De ese modo, pasó a dedicarse a la asistencia de otras personas que habían sido víctimas de su misma enfermedad. Gracias a él, los afectados por ella conseguían salir adelante, puesto que su ejemplo personal les servía de estímulo para mantener la esperanza y continuar luchando. Todos y cada uno de los días de su vida está lleno de una inmensa gratitud por estar entre nosotros y de un intenso deseo de transmitir amor y alegría a los demás. Estos muy orgulloso de ti; ¡te quiero, hermano!

Mientras George se encontraba convaleciente en el hospital, su pareja, Jim, se mantuvo todo el tiempo junto a él. Jim es otro de los miembros adoptados por nuestra familia, y personalmente considero que no podía haberse dado una incorporación adicional mejor. Es un extraordinario cocinero —no desmerecería en ninguno de los concursos de cocina televisivos tan en boga hoy en día— y también un hábil y profesional hombre de negocios, que hace su trabajo con resolución y comprensión hacia todos. Sin embargo, lo que realmente me sorprende de Jim es que jamás olvida los datos y las fechas importantes. No hay cumpleaños, ocasión especial u oportunidad en la que pueda demostrar su cariño hacia alguien que Jim no recuerde y celebre. Jim, has traído tanto amor a nuestra familia que no podría quererte más, hermano, aunque hubieras llegado a ella cuando éramos más jóvenes. Me siento feliz y agradecido por haber podido compartir nuestras vidas.

Hablando de personas que deberían presentarse a concursos de cocina, deseo expresar también mi amor y mi reconocimiento a Barry y a Jean Yurkiewicz, mi hermano y mi cuñada, a los que todo el mundo votaría como «las personas que más deseas que te inviten a cenar». Barry es el cocinero y Jean se encarga de la panadería, y su cocina está siempre llena de notas con recetas que a mí jamás se me ocurriría preparar, y de una divertida y jovial conversación. A Barry también podría considerársele mi *agente extraoficial*, ya que siempre está dispuesto a hablarle a todo aquel que quiera escucharle sobre mis escritos y mi trabajo con Margaret. Muchas gracias a los dos por vuestra confianza en mí, por vuestro apoyo y, por supuesto, por vuestra deliciosa cocina. ¡Os quiero a los dos!

Desde que escribí *Messages from Margaret* (*Mensajes de Margaret*) ha habido varias personas en mi vida que han realizado el tránsito que les ha conducido a conectar con su yo superior. Cuando estoy haciendo un trabajo de recuperación del alma, las invoco constantemente para que me ayuden a tener éxito en mi tarea, y siempre siento que están ahí cuando las necesito.

A mi hermano Tom Gavin, a su maravillosa esposa Judi, a mi buen amigo y *cuñado* Ted Yurkiewicz, y a mis amigos y también parientes políticos Tom y Doris O'Donell, gracias por mostraros tan abiertos y por vuestro incondicional apoyo en el trabajo que realizo con Margaret. Sé que todos nosotros estamos siendo amparados por vosotros día a día y que vuestro amor nos envuelve constantemente.

Soy también plenamente consciente de que mi madre y mi padre, Juliette Gavin y Tom Gavin Sr., la madre de Gail, Dot Yurkiewicz, y la madre de mis hijas, Barbara, están presentes para daros la bienvenida y mostraros las claves del nuevo nivel de energía al que accedéis. ¡Gracias a todos!

Este libro no hubiera sido posible sin la participación de todos aquellos que formularon las trascendentales preguntas que sirvieron para que Margaret pudiera elaborar lo que espero que sea para todos los que lo leen un práctico manual de vida.

Deseo expresar mi más profunda gratitud a todos los colaboradores que han dedicado su tiempo y su inteligencia a la gestación de esta obra. Vuestras preguntas han sido tan cruciales como personales y me siento muy honrado de que hayáis querido formar parte de ella. Gracias sinceras a Arielle Ford, Kris Carr, John Holland, Nick Ortner, Meggan Watterson, Denise Linn, Sonia Choquette, Mike Dooley, Colette Baron-Reid, Sandra Anne Taylor, Pam Grout, Noah St. John, Jessica Ortner, Mona Lisa Schulz, Karen Noé, Barbara Carrellas, Christine Kloser, Jennifer Kass, davidji y Anita Moorjani. Vaya por delante un agradecimiento especial para John Holland, por su protección ypor su ayuda en mi primera asistencia a uno de los ciclos de conferencias *I Can Do it (ICDI)*,* patrocinados por la editorial Hay House. John me presentó a todo el mundo y realmente fue el más firme de los apoyos, haciendo que me sintiera como un miembro más de la *familia* Hay House. Me siento muy honrado por poder considerarte mi amigo.

Cuando, a través de mi lista de correo electrónico y mi programa de radio por Internet en Hay House Radio, me puse en contacto con amigos y oyentes seguidores de Margaret para que enviaran preguntas para incluirlas en el libro, nunca pensé que encontraríamos la sensacional respuesta que obtuvimos. Cada día nos llegaban cientos de correos con preguntas a cual más interesante. Finalmente, tras numerosas consultas con Margaret, limita-

---

* Las reuniones *I Can Do It* constan de presentaciones y ciclos de conferencias itinerantes que, periódicamente, se convocan en distintas ciudades de Estados Unidos y en las que intervienen los autores más destacados de la editorial Hay House.

mos a 33 el número de las fascinantes interrogantes que se plantearon y que se incorporaron a la obra. No podría agradecer lo bastante su participación a todos aquellos que nos hicieron llegar sus dudas y consultas, y me siento especialmente en deuda con los que propusieron las que en definitiva fueron incluidas en el libro. Mi más sincera gratitud a Carina Rubin, Marilyn Enness, Mandi Morrissey, Laura Botsford, Jill Lebeau, Andrea Mueller, Tony Lauria, Katrin Navessi, Louis Szabo, Stella Hu, Cherie Ninomlya, Tina Sanchoo, Tiffany Nightingale, Tessa Sayers, Amanda Bingham, Lisbeth Hansen, Michelle Edinburg, Leslie Keith, Linda Crea, Danielle Lewis, Alejandra Kate, Indya Roberts, Niki Zamora, Leonarda Scandurra, Stephanie Tran, Audrey McNaughton, Aimee Lorincz, Karen Gaynor, Kristine Thies, Sharon Duquette y Kristen Barrett Mattern. Un agradecimiento muy especial a Kristen Willeumier y a Bailey Jay, por dotar a su trabajo de una espiritualidad terrenal, de compasión y de luz, y por honrarme con su apoyo en mi trabajo con Margaret.

Todo mi reconocimiento a mis amigos, tanto antiguos como nuevos, que me han ofrecido su afecto y su ayuda de las más diversas maneras. A mi más viejo amigo, Mike Carluccio, por comerse mis *sándwiches* en nuestros años de instituto, lo que serviría como punto de partida de una amistad que ha durado toda una vida. A James Malaniak, por aportar «amor, aprecio y perdón» y por distinguirme con su hermandad y su camaradería a lo largo de nuestras vidas, enseñándome a comprender que todas las cosas son en realidad perfectas de manera permanente. A Jill Mangino, por ser tan buena amiga y por habernos ayudado a tantos de nosotros a «hacer correr la voz». Sé, Jill, que estás próxima a convertirte en el centro de atención de muchas personas. Y a Don Burkett y Preston «PJ» Bergen, a los que puedo considerar como los *ángeles* personales que me prestaron una ayuda decisiva para encauzar el inicio de esta obra.

Mi gratitud asimismo a mis compañeros de Hay House Radio, que con su afanado trabajo nos ayudan a todos a producir una emisión de radio de gran calidad, haciéndolo por otro lado con sorprendente facilidad. Diane Ray, gracias por estar al frente de este maravilloso grupo de personas, por tu autorizada voz y por tu visión de las cosas. A Mike Joseph, Joe Coburn,

Rocky George III, Steve Morris y Mitch Wilson, gracias por ser tan profesionales cuando estamos «en el aire» y tan divertidos cuando no lo estamos. ¡Me encanta formar parte de vuestro equipo!

Y, por supuesto, el mayor de mis reconocimientos para todos los demás integrantes del equipo de Hay House. Gracias infinitas a Louise Hay, por ser la persona visionaria que creó esta empresa, pensada teniendo como ideal y referente la transformación del mundo, y que continúa ofreciéndonos su inspiración, viviendo la misma vida que enseña. A Margarete Nielsen, por ayudar a Louise a gestionar una compañía con tantas áreas variables y por hacerlo de manera tan gentil y cuidadosa. A Christy Salinas, por su magnífica labor de dirección creativa, a Nick C. Welch, por el diseño y la configuración de la maquetación interior del libro, y a Gaelyn Larrick, por el atractivo diseño de la cubierta. Al estupendo equipo de *marketing* de Hay House y, en especial, a Heather Tate, Tiffini Alberto y Aurora Rosas. Al equipo de eventos, por su eficaz trabajo y, en particular, a Molly Langer y Adrián Sandoval, por organizar los actos de ICDI y otros acontecimientos, tan singulares y apreciados tanto por los autores como por todas las personas que asisten a ellos.

Al sensacional equipo que organiza la Cumbre Mundial Hay House, especialmente a Jenele Lee.

A nuestro extraordinario grupo de gestión *web*, en particular a Kate Riley. A Alexandra Gruebler, Monica Meehan y Anthony Bird, por conseguir que las palabras de Margaret puedan llegar a otras partes del mundo.

A mi agente publicitaria, Amanda Smith, y a todos los ejecutivos y al personal de ventas, contabilidad y negocios que tantos esfuerzos realizan para que esta empresa alcance los grandes éxitos que cosecha. Gracias a Patty Gift, por su intuición a la hora de elegir las maravillosas obras que la editorial da a conocer al mundo.

A Alex Freemon, mi editor jefe, deseo expresarle mi gratitud por todo su apoyo al integrar las diferentes parte de esta obra y también por todo el tiempo dedicado a la misma. Mi mayor reconocimiento a mi editora Nicolette Salamanca Young. ¡Nikki, ha resultado fantástico trabajar contigo! Tu ayuda me ha sido preciosa para conseguir reestructurar el contenido del libro, de modo que resultara más fluido, y a fin de mantener una dirección y un enfoque unitarios, trabajando, por lo demás, con atención, flexibilidad, apoyo y sentido del humor. Gracias infinitas por tu entusiasmo, tu ánimo y tu amable manera de *dar un empujoncito* cuando hacía falta, haciendo que todo el proceso resultara, por lo demás, realmente divertido. Deseo agradecerte todos los pequeños trucos informáticos que me has enseñado y todas las otras muchas cosas que has estudiado y que me han servido de ayuda. Tanto Margaret como yo te quedamos además enormemente reconocidos por tu asombrosa habilidad para hacer que su voz y la mía queden tan netamente diferenciadas en el libro.

Ello me lleva a recordar a otra persona de Hay House que inició el proceso el virtud del cual la voz de Margaret y la mía propia se abrieron al mundo, su director general, Reid Tracy. Reid, fuiste tú quien me animó a dotar de *voz* a Margaret y a encauzar su vida. Confiaste en dar a conocer al mundo mi libro *Messages from Margaret (Mensajes de Margaret)* y en difundir esos mensajes a través de la radio, y confiaste asimismo en una carta de la propia Margaret, que sería el germen de la presente obra y que serviría para tomar contacto con otros miembros de la familia Hay House, para ver si ellos estaban dispuestos a unirse a nosotros en este abordaje cooperativo. Mientras el proyecto se estaba gestando, nunca estabas demasiado ocupado si se trataba de ofrecernos tu orientación, tu ayuda y tu ánimo, por lo que tanto yo como Margaret hemos de expresarte nuestra mayor gratitud por todo lo que has hecho. ¡Gracias, de todo corazón!

Muchas gracias también a Wayne Dyer, por enseñarme tantas cosas a lo largo de estos años a través de los libros de Hay House y los documentales especiales del PBS (siglas de Public Broadcasting Service, Servicio Público de Radiodifusión, red estadounidense de cadenas de televisión públicas sin ánimo de lucro y con funciones fundamentalmente educativas, no comerciales). Fue maravilloso conseguir encontrarme con él, por dos veces, en los ascensores, en el curso de las reuniones de ICDI. A veces pienso que esa coincidencia no deja de resultar significativa, ya que su personalidad fue ciertamente responsable de que todo nosotros ascendiéramos a niveles de consciencia superiores.

Por último, aunque sin ninguna duda no menos importante, infinitas gracias a ti, Margaret, por compartir toda tu sabiduría no solo con el mundoo, sino también conmigo mismo. Has cambiado mi vida de forma radical. De aquí en adelante espero anhelante todas las nuevas aventuras que este libro y tú misma nos proponéis a todos.

Espero haber recordado a todos los que deseaba mencionar, aunque hay que tener en cuenta que, en el caso de querer reflejar el agradecimiento a todos aquellos que de un modo u otro han llegado a mi corazón, este capítulo de agradecimientos sería un libro en sí mismo.

Con todo mi amor,
Gerry

SOBRE LOS COLABORADORES

Anita Moorjani nació en Singapur, de padres indios, y ha vivido en Hong Kong la mayor parte de su vida. Trabajó en el mundo empresarial durante muchos años hasta que, en 2002, le fue diagnosticado un cáncer. Después de entrar en coma en 2006, Anita accedió a una esfera superior, en la que experimentó una gran claridad y una profunda penetración en el entendimiento de su vida y de su razón de ser en la Tierra. Posteriormente se recuperó sensiblemente de su afección y narró la percepción y la historia de su sanación en el *bestseller,* incluido en la lista de libros más vendidos del *New York Times, Dying to Be Me*, publicado en español con el título *Morir para ser yo*, del que se han vendido más de un millón de ejemplares en todo el mundo y que ha sido traducido a 42 idiomas.

Tras el gran éxito de su libro, Anita ha sido entrevistada en multitud de programas de televisión de gran audiencia en todo el mundo, entre ellos, el show *Anderson Cooper 360, Fox News, The Jeff Probst Show, Today, Paranatural*, en el canal de televisión del National Geographic, en *The Pearl Report*, de la televisión de Hong Kong, o en *Head Start with Karen Dávila*, en la de Filipinas. Ha viajado y dictado conferencias por todo el mundo.

Su página *web* es: www.anitamoorjani.com

Arielle Ford es una personalidad de gran relieve en el ámbito del crecimiento personal y del movimiento de espiritualidad contemporáneo. Durante los últimos 25 años ha vivido, enseñado y promovido el desarrollo de la consciencia a través de los más variados medios de comunicación. Es experta en relaciones, conferenciante, *blogger* del *Huffington Post* y productora y presentadora de la serie de programas de televisión *Evolving Wisdom's Art of Love.*

Arielle es una escritora de gran talento, autora de diez obras hasta el momento, entre las que destacan el *bestseller* internacional *The Soulmate Secret: Manifest the Love of Your Life with the Law of Attraction,* publicado en español con el título *El secreto del amor: encuentra tu alma gemela gracias a la ley de la atracción,* y más recientemente, *Turn Your Mate into Your Soulmate (Convierte a tu pareja en tu alma gemela).*

Se ha dicho de ella que es la «Cupido de la consciencia» y «El hada madrina del amor». Vive en La Jolla, California, con su marido/alma gemela, Brian Hilliard, y sus amigos felinos.

Sus páginas *web* son: <u>MateToSoulmate.com</u> y <u>www.ArielleFord.com</u>

Barbara Carrellas es educadora sexual, *coach* sexual y de vida, organizadora de cursillos y seminarios, conferenciante universitaria, oradora motivacional y artista de *performances* y teatro. Es autora del *Urban Tantra: Sacred Sex for the Twenty-First Century (Tantra urbano: sexo sagrado para el siglo XXI), Ectasy is Necessary: A Practical Guide (El éxtasis es necesario: guía práctica)* y de *Luxurious Loving (Amor lujoso).* Es fundadora de Urban Tantra®, un método de aproximación a la sexualidad sagrada que adapta y combina una gran variedad de prácticas sexuales, desde el tantra al BDSM, y es cofundadora de Erotic Awakening, programa de cursillos pioneros enfocados hacia las potencialidades físicas, espirituales y sanadoras del sexo. Los innovadores seminarios de Urban Tantra® son recomendados como los mejores de la ciudad dentro de su ámbito por la revista *TimeOut/ New York.* Barbara tiene una doble titulación en artes escénicas secundarias de la Coney Island Sideshow School, en manejo de serpientes y como comedora de fuego.

Su página *web* es: www.barbaracarrellas.com

Christine Kloser, «catalizadora de la transformación®», ha impartido cursos de formación a casi 70.000 emprendedores, autores y directivos de las más diversas áreas y de más de 100 países, y es reconocida como el espíritu visionario que está detrás de iniciativas destinadas a fomentar la transformación en escritores y otros profesionales, tales como Trasformational Author Experience® o Get Your Book Done®.

A través de diferentes medios, como el *mentoring* privado, los retiros íntimos, las reuniones y actos en directo, los discursos en público, los programas de formación virtual global, quienes siguen los cursos de Christine se sienten atendidos, escuchados, comprendidos, valorados y transformados hasta niveles que antes apenas hubieran podido imaginar. Como consecuencia de ello, toman la iniciativa, reclaman el reconocimiento de sus méritos, escriben los libros que tenían pensados, experimentan avances que incorporan cambios a sus vidas y satisfacen la llamada de sus corazones.

Sus páginas web son: www.ChristineKloser.com y www.TransformationalAuthor.com

Colette Baron-Reid es autora de *Remembering the Future (Recuerdos del futuro), Messages fron Spirit (Mensajes del espíritu)* y de *The Map*, publicado en español con el título de *El Mapa: tú marcas el ritmo de tu vida*, y traducido a 27 idiomas.

Otras de sus creaciones son *Wisdom of the Oracle Divination Cards (Cartas de adivinación de la sabiduría del oráculo)*, así como las barajas de oráculo de *The Wisdom of Avalon (La sabiduría de Avalon)*, *Wisdom of the Hidden Realms (Sabiduría de los reinos ocultos)* y *The Enchanted Map (El mapa encantado)*. Es una experta intuitiva y médium psíquica reconocida a nivel internacional y afectuosamente conocida por sus seguidores como «el oráculo». En la televisión canadiense es protagonista del programa *Messages fron Spirit with Colette Baron-Reid*, de gran éxito de audiencia. Originaria de Toronto, Colette vive en Connecticut, con su marido y dos perros de raza pomerania. En Hay House Radio tiene un programa semanal de llamadas titulado *Ask the Oracle*. Su página *web* es: www.colettebaronreid.com

Davidji es un sanador de cuerpo y mente y experto en bienestar, entrenador para mejorar el rendimiento en *mindfullnes* (atención plena) y profesor de meditación, campos todos ellos en los que ha adquirido renombre internacional. Es autor de diversos libros, entre los que cabe mencionar *Destressifying: The Real-World Guide to Personal Empowerment, Lasting Fullfilment and Peace of Mind* (*Desestresándose: guía del mundo real para el empoderamiento y la realización personal duradera y para la paz de la mente*) y de *Secrets of Meditation: a Practical Guide to Inner Peace and Personal Transformation* (*Los secretos de la meditación: una guía para la paz interior y la transformación personal*), merecedor este último del Nautilus Book Award. Tiene en su haber el mérito de haber creado un proceso de meditación de 21 días que ha generado cientos de experiencias y retos en el campo de la meditación en todo el mundo. A veces citado como «la aterciopelada voz de la quietud», esa voz puede escucharse en más de 500 meditaciones guiadas disponibles en iTunes, Amazon.com, HayHouse.com, Google Play, Spotify, Pandora, SoundCloud y davidji.com. Cada semana presenta el programa *LIVE from the SweetSpot*, en HayHouseRadio.com.

Es posible unirse a la comunidad SweetSpot de davidji en www.davidji.com.

La trayectoria personal de **Denise Linn** tuvo su inicio en una experiencia sufrida a los 17 años de edad, que la puso a las puertas de la muerte. A partir de sus experiencias de transformación vital y gracias a su notable recuperación, decidió abordar una búsqueda espiritual que la llevó a explorar las tradiciones de sanación de diversas culturas ancestrales, incluida la de sus propios antepasados indios cherokees. También vivió en un monasterio budista zen durante más de 2 años.

Denise es maestra internacionalmente reconocida en el campo del autodesarrollo personal. Es autora del libro de gran éxito editorial *Sacred Space* (*Espacio sagrado*) y del varias veces premiado *Feng Shui for the Soul*, disponible en versión española, *Feng Shui para el alma*, y de otras numerosas obras, traducidas a 29 idiomas.

Su página *web* es: www.DeniseLinn.com

La misión que se ha asignado **Jennifer Kass** es la de hacer que el amor sea una fuerza global que despierte a todos los corazones y la mentes dispuestos para dar paso a un mundo que funcione para todos. En los últimos 5 años Jennifer ha desarrollado labores de orientación en todo el mundo para los asistentes a sus programas transformacionales, ha creado la aplicación #LOVEPIONEER y el podcast semanal Love Pioneer, e imparte charlas y conferencias sobre la capacidad de transformación del amor.

Su página *web* es: www.jenniferlkass.com.

Jessica Ortner es autora del *bestseller The Tapping Solution for Weight Loss & Body Confidence*, titulado en su edición en español *La solución* tapping *para bajar de peso* (*y quererte más*), que se mantuvo varias semanas en la lista de libros más vendidos del *New York Times*. Al terminar la Universidad se dedicó a realizar entrevistas a personalidades y líderes de opinión en los ámbitos de la innovación y el éxito, con el objetivo de crear un estilo de entrevistas propio. Desde 2007 ha realizado más de 600 entrevistas, y ha formado equipo con su hermano Nick en la producción del documental *The Tapping Solution* (*La solución* tapping), sobre el *tapping* o golpeo de meridianos y la llamada técnica de libertad emocional (TLE, también conocida por sus siglas inglesas EFT). Jessica presenta la Cumbre

Mundial del *Tapping,* reunión anual *online* que en sus sucesivas ediciones ya ha atraído a más de un millón de personas de todo el mundo.

Su página *web* es: www.TheTappingSolution.com.

John Holland, autor, entre otras obras, de *The Spirit Whisperer (El encantador del espíritu), Born Knowing (Nacer sabiendo), Psychic Navigator (Navegador psíquico), 101 Ways to Jump-Start Your Intuition (101 maneras de poner en marcha la intuición)* y *Power of the Soul (Poder del alma)*, es un médium y vidente internacionalmente reconocido que ha impartido clases, realizado demostraciones y dictado conferencias sobre temas espirituales durante casi dos décadas. Ha participado en programas del canal de televisión por cabe History Channel, tales como *Psychic History, Unsolved Misteries* y *Extra*, y en el documental especial del canal A&E *Mediums: Wee See Dead People*. También tiene un popular programa de radio de llamadas, *Spirit Connections*, en HayHouseRadio.com.

Su página *web* es: www.johnholland.com.

Karen Noé es médium psíquica y autora de *The Rainbow Follows the Storm (El arco iris sigue a la tormenta), Through the Eyes or Another (A través de los ojos de otro)* y *Your Life After Their Death (Tu vida después de su muerte)*. Es fundadora del Angel Quest Center, en Ramsey, Nueva Jersey, en el que imparte clases, dicta conferencias y realiza trabajos prácticos de sanación alternativa. Sus mensajes pueden sintonizarse en el programa *The Angel Quest Radio Show*, en www.wrcr el primer sábado de cada mes.

Su página *web* es: www.karennoe.com.

Kris Carr es autora de libros de notable éxito de ventas, frecuentemente incluidos en la lista de obras más vendidas del *New York Times*, conferenciante y activista del bienestar. Fue protagonista y directora del documental *Crazy Sexy Cancer*, estrenado en el festival de cine South by Southwest (SXSW) y emitido en diversos canales de televisión como TLC, The Discovery Channel y The Oprah Winfrey Network. Kris es también autora de la colección *Crazy Sexy*, merecedora de diversos galardones. Los últimos libros de la misma, *Crazy Sexy Diet* (*Dieta crazy sexy*), *Crazy Sexy Kitchen* (*Cocina crazy sexy*) y *Crazy Sexy Juice* (*Zumos crazy sexy*) pueden cambiar el modo en el que se vive, se ama y se come. Calificada por el *New York Times* como creadora de «un nuevo modelo de rol», ha aparecido en revistas y programas televisivos tales como *Glamour, Vanity Fair, Scientific American, Success, Forber, People, Good Moning America, Today, CBS Evening Knews, The Early Show, Access Hollywood, The Doctors, Super Soul Sunday* o *The Oprah Winfrey Show*. Como infatigable luchadora contra su enfermedad, Kris inspira a innumerables personas para que se hagan cargo de su salud y de su felicidad adoptando una dieta apasionadamente vegetariana, aplicando prácticas de autocuidado, y para que vivan y amen con completa entrega. En palabras de Oprah Winfrey, «el fascinante itinerario de Kris Carr ha marcado el inicio de una revolución». Puede visitarse su página web en www.Kriscarr.com.

Meggan Watterson, escritora, conferenciante y estudiosa de la feminidad divina, inspira en sus seguidores el deseo de vivir partiendo de la audacia y de la autenticidad de su alma. Su primer libro, *Reveal: A Sacred manual for Getting Spiritually Naked* (*Reveal: manual sagrado para quedar espiritualmente desnudo*), fue calificado como «encendida oración» por Eve Ensler, como «un cambio de la vida» por la doctora Christiane Northrup y como «una bendición para el mundo» por Gabrielle Bernstein, por citar las opiniones de algunas destacadas figuras del ámbito de la espiritualidad de la mujer. El libro más reciente de Meggan hasta el momento se titula *How to Love Yourself (and Sometimes other People): Spiritual Advice for Modern Relationships.* [*Cómo amarte a ti mismo (y a veces a otras personas): consejos espirituales para las relaciones modernas*]. Dirige seminarios y retiros de meditación para encontrar la propia voz interior. Tiene un máster de estudios teológicos por la escuela de Divinidad de la Universidad de Harvard y un máster en estudios de divinidad por el Seminario Teológico de la Unión. Vive con su hijo y con el ganso imaginario del pequeño, Goldie.

Su página web es www.megganwatterson.com.

Mike Doodley fue en su pasado asesor fiscal internacional de PriceWaterhouseCoopers, puesto que abandonó para constituir un Club de Aventureros filosóficos en Internet, del que actualmente forman parte más de 700.000 miembros de más de 185 países. Sus inspiradoras obras, centradas en la responsabilidad espiritual, han sido traducidas a 25 idiomas y fue uno de los maestros destacados en el fenómeno internacional conocido como *El secreto*, asociado al título de un libro en el que se abordaba la ley de atracción. Tal vez Mike es más conocido por su serie de *e-mails* que conforman las llamadas Notas del universo, recopiladas en un libro, y por sus *bestsellers* incluidos en la lista de libros más vendidos del *New York Times, Infinite Possibilities: The Art of Living your Dreams (Posibilidades infinitas: el arte de vivir tus sueños)* y *Leveraging the Universe: 7 Steps to Engaging Life's Magic (Hacer uso del universo: 7 pasos para conocer la magia de la vida)*. Mike vive siguiendo las mismas pautas que enseña, viajando por todo el mundo e impartiendo enseñanzas sobre la vida, los sueños y la felicidad.

Se puede hallar más información sobre él en www.tut.com.

Mona Lisa Schultz, doctora en Medicina, es una de las pocas personas que puede traspasar las fronteras que tradicionalmente separan la ciencia y la medicina del misticismo. Es neuropsiquiatra en ejercicio y profesora asociada de Psiquiatría en la Facultad de Medicina de la Universidad de Vermont. Ha practicado la medicina intuitiva durante 25 años. La doctora Schultz ha publicado varios libros, entre ellos *All Is Well*, escrito en colaboración con Louise Hay y publicado en español con el título de *Todo está bien, The Intui-*

tive Advisor (*El orientador intuitivo*), *The New Feminine Brain* (*El nuevo cerebro femenino*) y *Awakening Intuition*, cuya edición en español se titula *Despierta tu intuición*. Vive entre Yarmouth, Maine y Franklin, Tennessee, con sus cuatro gatos y otros animales y plantas.

Su página *web* es www.DrMonaLisa.com.

Nick Ortner es director general de The Tapping Solution, LLC, compañía dedicada a la aportación de una sanación natural, sencilla y eficaz, con objeto de restablecer la salud mediante la técnica de libertad emocional (TLE, conocida igualmente por sus siglas inglesas EFT), también llamada *tapping* o golpeo. Nick es autor de *The Tapping Solution: A Revolutionary System for Stress-Free Living*, que se mantuvo largo tiempo en la lista de libros más vendidos del *New York Times* y que fue publicado en español con el título de *La solución Tapping: un sistema revolucionario para deshacerte de tus miedos y tus límites*. Es asimismo el creador y productor del documental, de notable éxito, *The Tapping Solution* (*La solución* tapping), en el que se sigue la evolución de diez personas que, gracias a esta técnica de curación, superaron grandes retos, entre las que se contaban un hombre que había sufrido dolor lumbar durante más de 30 años, así como afectados por fibromialgia, insomnio, sentimientos de aflicción asoladora u otros estados perjudiciales, físicos o psíquicos. Tanto el libro como el documental exponen casos reales cuyos extraordinarios resultados de mejora han servido de inspiración a miles de personas que han seguido esos ejemplos y que han aplicado con éxito a sus vidas la técnica del *tapping*. Nick se encarga de la producción de la Cumbre Mundial del *Tapping,* reunión anual *online* de acceso libre, de la que se han convocado ya cinco ediciones que han atraído a más de un millón de personas (www.tappingworldsummit.com).

Puede seguirse a Nick en Twitter @NickOrtner o en su página de Facebook, www.facebook.com/NOrtner.

Su página *web* es: www.TheTappingSolution.com.

Noah St. John es un destacado conferenciante y autor, hasta el momento, de 10 libros, entre ellos el *bestseller* de Hay House *AFFORMATIONS®: The Miracle of Positive Self-Talk (AFORMACIONES®: el milagro del pensamiento afirmativo positivo)*. Noah es conocido sobre todo por aquellas de sus obras que buscan ayudar a la gente muy ocupada a disfrutar de libertad emocional y económica. Sus pautas de asesoramiento conforman lo que se ha dado en llamar la «salsa secreta» del crecimiento personal y en los negocios. Como reconocida autoridad en el campo de la optimización del rendimiento y los beneficios, Noah imparte seminarios y cursos, tanto presenciales como *online*, de los que se ha dicho que son «el único método de formación que integra y mejora los demás modelos formativos». Aparece con asiduidad en medios de comunicación de todo el mundo, como las cadenas de televisión ABC, NBC, CBS, Fox o The Hallmark Channel, en la National Public Radio, en periódicos y revistas, tales como *Parade, Woman's Day* o el *Chicago Sun Times*, y en *blogs*, periódicos *online* y agregadores de noticias, como Forbes. com o The Huffington Post. Puede accederse gratuitamente a la última obra de Noah, *Mastering the Inner Game of Success (Dominar el juego interior del éxito)* en www.NoahStJohn.com.

Pam Grout es autora de 18 libros, entre los cuales merece especial mención su *bestseller E-squared: Nine Do-It-Yourself Energy experiments That Prove Your Thoughts Create Your Reality*, publicado en español con el título *E², potencia tu energía: nueve experimentos que puedes hacer tú mismo y que demuestran que tus pensamientos crean tu realidad*, y que fue número uno en las listas de obras más vendidas del *New York Times*. Es asimismo creadora de tres obras de teatro, una serie de televisión y dos aplicaciones móviles. Escribe en la revistas *People* y *Men's Journal*, en periódicos *online* como los de la CNN o *The Huffington Post* y en su *blog* de viajes, www.georgeclooneyslepthere.com.

Sandra Anne Taylor es autora de varias obras que han formado parte de las listas de *bestsellers* del *New York Times*, como *Quantum Success*, publicado en español con el título de *Éxito cuántico, Secrets of Attraction (Secretos de Atracción)* y, más recientemente, *Your Quantum Breakthrough Code (El código cuántico para la consecución del éxito)*, que constituye un medio sorprendentemente fácil, pero también muy eficaz, de promover la renovación de la propia vida. Sandra es conocida como creadora de procesos inspiradores y técnicas de cambio vital que incorporan a la transformación personal elementos tales como consciencia, karma y energía. Su bella baraja de *Cartas del Oráculo de la energía* ayuda a identificar los patrones presentes y a predecir los resultados futuros. Otra de sus publicaciones, *The Hidden Power of Your Past Lives (El poder oculto de tus vidas pasadas)* (libro y CD), resulta muy útil a la hora de erradicar los bloqueos de las vidas pasadas. Los títulos publicados por Sandra están disponibles en 27 idiomas y su voz puede escucharse los lunes en HayHouseRadio.com.

Sus páginas web son: www.SandraTaylor.net y www.Facebook.com/SandraAnneTaylor.

Sonia Choquette es escritora, narradora de historias, sanadora vibracional y maestra espiritual de percepción por medio del sexto sentido. Debido a su renombre a nivel mundial, su sabiduría y su capacidad de sanación del alma son requeridas desde diversos países. Entre otras obras, ha escrito el libro *The Answer is Simple… (La respuesta es simple…)*, consignado por el *New York Times* entre los más vendidos, y ha creado numerosos programas de radio y diseñado diversas barajas de cartas de interpretación espiritual. Sonia se formó en la Universidad de Denver y en la Sorbona de París, y es licenciada en metafísica por el Instituto Americano de Teología Holística. Actualmente reside en París.

Su página web es: www.soniachoquette.com.

SOBRE EL AUTOR

Gerry Gavin es conferenciante, *coach* de vida, médium y presentador de un programa de radio semanal de gran éxito en www.HayHouseRadio.com, que cuenta con una fiel audiencia y con numerosos seguidores. Es el creador de un curso sobre ángeles y chamanes, de notable aceptación por parte del público, en el que se ofrece a los participantes los medios apropiados para que establezcan contacto con sus ángeles y guías. Gerry canaliza al ángel Margaret, que transmite un asesoramiento angélico abocado a la transformación de la vida y centrado en la Tierra, tanto en apariciones públicas como en programas de radio o en sesiones privadas. También está especializado en prácticas de curación chamánica, que ayudan a las personas a restablecer su poder y su salud, e incluso a recobrar los fragmentos perdidos de su alma a través de un proceso denominado recuperación del alma. Su trabajo es una combinación de técnicas terapéuticas modernas y antiguas prácticas de sanación, que escuchan al cuerpo, a la mente y al espíritu, con objeto de optimizar de la manera más completa el potencial de cada persona. Gerry vive en una pequeña granja de caballos, en Nueva Jersey.

Su página web es www.gerrygavin.com.

NOTAS

NOTAS

NOTAS

NOTAS

TÍTULOS DE INTERÉS RELACIONADOS

YOU CAN HEAL YOUR LIFE, the movie; versión en español titulada *TÚ PUEDES SANAR TU VIDA* (película), protagonizada por Louise Hay y amigos (disponible en 1 DVD o en un juego de 2 DVD). Puede verse un trailer en: <u>www.LouiseHayMovie.com</u>.

THE SHIFT, the movie; versión en español titulada *El cambio*, protagonizada por el doctor Wayne W. Dyer (disponible en 1 DVD o en un juego de 2 DVD). Puede verse un trailer en: <u>www.DyerMovie.com</u>.

Dying to Be Me: My Journey from Cancer, to Near Death, to True healing, publicado en español con el título *Morir para ser yo: mi viaje a través del cáncer y la muerte hasta el despertar y la verdadera curación*, de Anita Moorjani.

Messages fron Spirit: The Extraordinary Power of Oracles, Omens, and Signs (Mensajes del espíritu: el extraordinario poder de los oráculos, las profecías y los signos), de Colette Baron-Reid.

The Tapping Solution: A Revolutionary System for Stress-Free Living, publicado en español con el título de *La solución Tapping: un sistema revolucionario para deshacerte de tus miedos y tus límites*, de Nick Ortner.

Through the Eyes or Another: A Medium's Guide to Creating Heaven on Earth by Encountering youn Life Review Now (A través de los ojos de otro: Guía del médium para crear el cielo en la Tierra yendo al encuentro de la revisión de tu vida), de Karen Noé.

The Top Ten Things Dead People Want to Tell YOU, publicado en español con el título *10 lecciones de vida desde la muerte*, de Mike Dooley.

Todas las obras citadas pueden hallarse en librerías especializadas o pueden solicitarse en versión inglesa, en las siguientes páginas web:

Hay House USA: www.hayhouse.com®
Hay House Australia: www.hayhouse.com.au
Hay House Reino Unido: www.hayhouse.co.uk
Hay House Sudáfrica: www.hayhouse.co.za
Hay House India: www.hayhouse.co.in

Lo que se ha dicho de…
Si pudieras hablar con un *Ángel*

«*Lágrimas de tristeza corrieron por mi cara cuando le hice a Margaret una pregunta que me atormentaba. Y, sin embargo, esas mismas lágrimas se tornaron en lágrimas del más absoluto júbilo, que inundaron mi cuerpo cuando recibí la respuesta. Este libro es puro y poderoso, y también extraordinariamente reconfortante. Cuando algo me llega a lo más profundo, yo lo llamo la «gran medicina». Pues bien, el libro de Gerry Gavin* Si pudieras hablar con un Ángel *es precisamente eso: una gran medicina para el alma. Apreciadlo y dadlo a conocer, porque se trata sin duda de todo un regalo*».

—**Kris Carr**, autora de la serie de libros *Crazy Sexy*, incluidos en la lista de obras más vendidas del *New York Times*.

«Si pudieras hablar con un Ángel *es, sin duda alguna, un libro especial que no solo me ayudó a comprender mejor las cuestiones profundas sobre la vida —y, ciertamente, me hizo pensar en ellas—, sino que además me llegó al alma*».

—**John Holland**, médium, maestro espiritual y autor del éxito de ventas *The Spirit Whisperer: Chronicles of a Medium* (*El encantador del espíritu: crónicas de un médium*).

«Si pudieras hablar con un Ángel *es una lectura inspiradora y emocionante. Los cautivadores mensajes que contiene proporcionan orientación celestial sobre innumerables cuestiones, desde las relaciones y los objetivos personales hasta el modo de conectar con tu propio ángel de la guarda. No dejes escapar esta completa guía para conocer la perspectiva de tu alma sobre el amor, la compasión, la comprensión y el perdón, y sobre la creación de una nueva vida, maravillosa y plenamente gratificante, desde este mismo instante*».

—**Sandra Anne Taylor**, autora de *Your Quantum Breakthrough Code* (*El código cuántico para la consecución del éxito*, bestseller *incluido en la lista de libros más vendidos del* New York Times.

«*Como decía en una de mis Notas del universo, todo el mundo debería hacer uso de sus ángeles. Pues bien, el ángel Margaret de Gerry nos muestra exactamente el motivo de tal afirmación. Su profundo amor y su amplio conocimiento de la vida y de sus mecanismos nos proponen verdades que pueden liberarnos de creencias limitadoras y patrones indeseables de manifestación. Leer a Margaret es como dar agua fresca a unos labios sedientos*».

—**Mikey Dooley**, autor de grandes éxitos editoriales incluidos en la lista de *bestsellers* del *New York Times*, como *Infinite Possibilities* (*Posibilidades infinitas*) y de *The Top Ten Things Dead People Want to Tell YOU*, publicado en español con el título *10 lecciones de vida desde la muerte*.

«*Si eres seguidor de las publicaciones de Abraham-Hicks, Si pudieras hablar con un Ángel te va a encantar. Cargado de respuestas a las preguntas más profundas que todos nos hacemos, y presentado de un modo sencillo pero a la vez intenso, este libro te proporcionará una honda sensación de paz y satisfacción, y te ayudará a identificarte con el reconocimiento del hecho de que todo va bien*».

—**Nick Ortner**, autor de diversas obras incluidas en la lista de libros más vendidos del *New York Times*, productor y director ejecutivo de The Tapping Solution, LLC.

«*Mi vida ha sido tocada personalmente por los ángeles y este libro me ha ayudado a recordar por qué son tan importantes los ángeles en la vida: ¡nos traen esperanza! Cada palabra contenida en estas páginas habla del poder del amor, de la alegría y de la comprensión, y de cómo todo ello puede cambiar no solo la vida de cada uno de nosotros, sino también el mundo*».

—**Sonia Choquette**, maestra espiritual y autora de *The Answer Is Simple* (*La respuesta es simple*) y *Walking Home* (*De camino a casa*), grandes éxitos de ventas incluidos en la lista de *bestsellers* del *New York Times*.

«*He experimentado personalmente la canalización angélica a través de Gerry y he sentido la expansión del amor que emanaba de él, cuando Margaret se manifestaba a través de él. Las palabras de Margaret no solo están cargadas de esperanza, sino que además son portadoras de vibraciones sanadoras que llegan al corazón».*

—**Denise Linn,** maestra de sanación mundialmente reconocida en el campo del autodesarrollo personal, y autora de *Kindling the Native Spirit (La iluminación del espíritu nativo).*

«¿Quién no ha soñado alguna vez que hablaba con un ángel? Pues cuando ese ángel te responde es incluso mejor. En Si pudieras hablar con un Ángel, Gerry Gavin y Margaret vuelven de nuevo a aportar luz, amor e inspiración a un mundo que lo necesita desesperadamente. Este libro es un verdadero regalo. ¡Atesóralo!

—**Noah St. John,** autor del gran éxito editorial en Estados Unidos *AFFORMATIONS®: The Miracle of Positive Self-Talk (AFORMACIONES®: el milagro del pensamiento afirmativo positivo).*

«Del modo más delicado y exquisito, Margaret propone la sabiduría del reino espiritual como medio de abordar las realidades prácticas del día a día de los seres humanos. Responde a muchas de nuestras preguntas más acuciantes y finalmente nos proporciona la levedad y la visión necesarias para atraer y aportar más amor a nuestras vidas».

—**Meggan Watterson,** autora de *REVEAL (Reveal: manual sagrado para quedar espiritualmente desnudo)* y de *How to Love Yourself (and Sometimes Other People) [Cómo amarte a ti mismo (y a veces a otras personas)].*

«Margaret, el ángel de la guarda de Gerry Gavin, resulta tranquilizadora, desafiante, inspiradora ¡y muy divertida! ¿Cuántos ángeles conoces que hablen sobre el poder espiritual del sexo, la poligamia o 50 Sombras de Grey? ¡La lectura de este libro resulta imprescindible!».

—**Barbara Carrellas,** educadora sexual y autora de *Ecstasy Is Necessary: A Practical Guide (El éxtasis es necesario: guía práctica).*

«He observado a Gerry canalizar el contacto con Margaret y he visto cómo, entre los dos, han cambiado la vida de muchas personas que, gracias a ellos, han aprendido a

comunicarse con sus propios ángeles. ¡Margaret es sencillamente genial! Su capacidad para explicar ideas complejas de un modo que expande la mente a través de la sencillez nunca falla, y este libro no es una excepción».

—**Karen Noé**, autora de *Your Life After Their Death: A Medium's Guide to Healing After a Loss* (*Tu vida después de su muerte: guía para médiums para la sanación después de una pérdida*).

«Mientras estaba leyendo Si pudieras hablar con un Ángel *se me dibujaba en el rostro una sonrisa de oreja a oreja. Una de las primeras cuestiones espirituales por la que me sentí atraído durante mi adolescencia fue el trabajo de Abraham-Hocks, y este libro me hizo recordar inmediatamente lo mucho que me gusta este estilo de escribir y de compartir información. Me encanta la manera en que está presentado el libro, especialmente el modo en que se exponen las respuestas a un gran número de interrogantes que muchos de nosotros nos preguntamos a menudo en lo más hondo de nuestro ser. Es evidente que Gerry y Margaret se preocupan por su público: eso es algo que queda meridianamente claro en el libro. Es el tipo de obra que puedes abrir todos los días por cualquier página al azar, percibiendo la llegada a ti de un hálito de profunda sabiduría».*

—**Emmanuel Dagher**, especialista en transformación y sanación, y autor de *Easy Breezy Prosperity* (*Prosperidad fácil y relajada*).

«Aunque algunos nos sintamos ya conectados con el otro lado, siempre hay en los mensajes de Margaret una perspectiva más profunda, que viene de la verdad angélica. Si pudieras hablar con un Ángel *conecta con esa verdad más profunda. Hoy soy mejor marido, padre, amigo y ser humano, y todo por este nuevo y hermoso libro. Gracias, Gerry y Margaret, por hacerme mejor».*

—**James John**, asesor y mensajero espiritual, autor de *How to Love Myself and Others* (*Cómo amarme a mí mismo y a los demás*) y fundador de *LAF: Love Appreciate Forgive,* www.LivingLAF.com

«Del mismo modo que Gerry encauza a nuestro mundo la voz de Margaret, las palabras del ángel —junto con la historia de Gerry, generadora de inspiración en sí misma— me llevaron personalmente a expandir mi trabajo y a ayudar a los mensajeros a

confiar en su sabiduría y a plasmarla sobre el papel y en la vida real. Este libro responde a preguntas muy importantes, al mismo tiempo que nos hace comprender que las palabras de cualquier persona —y en especial sus preguntas— son algo que realmente importa».

—**Christine Kloser**, «catalizadora de la transformación» y autora del premiado *Pebbles in the Pond: Transforming the World One Person at a Time* (*Guijarros en el estanque: la transformación del mundo de la persona paso a paso*).

«Jamás en la historia de este planeta habíamos tenido tan fácil acceso a la espiritualidad y a respuestas que llevamos toda la vida intentando encontrar. Margaret nos proporciona una orientación sentida y una sabiduría atemporal que inspira y da fuerzas a quienes conectan con ella».

—**Jennifer Kass**, mentora espiritual, escritora y comunicadora.

OTRAS OBRAS DE GERRY GAVIN

Libros
*Messages from Margaret: Down-to-Earth**
*Angelic Advice for the World... and You**

CD/DVD
Angels & Shamans (curso en audio en soporte CD o MP3)
Drum Music for the Shamanic Journey or Shamanic Tapping (MP3)

Las obras citadas, en versión inglesa, pueden solicitarse en las siguientes páginas *web*:
Hay House USA:www.hayhouse.com®
Hay House Australia: www.hayhouse.com.au
Hay House Reino Unido: www.hayhouse.co.uk
Hay House Sudáfrica:www.hayhouse.co.za
Hay House India: www.hayhouse.co.in

---

* Editado en lengua inglesa por Hay House; aún no traducido al español.

Advertencia del editor

El autor de la presente obra no dispensa atención médica ni prescribe la utilización de ningún tipo de técnica, como forma de tratamiento de trastornos físicos, emocionales o médicos, sin recurrir previamente al asesoramiento, directo o indirecto, de un profesional médico. El propósito del autor es exclusivamente aportar información de carácter general para ayudar en la búsqueda del bienestar emocional y espiritual. En caso de que se emplee cualquier parte de la información contenida en este libro utilizando criterios personales, el autor y el editor declinan cualquier responsabilidad en relación con tales acciones.